W0046389

U. S. Levin

Ich bin nüchtern, aber in Behandlung

Satiren aus dem Lebensalltag

mit Zeichnungen von
Peter Dunsch

dr. ziethen verlag
Oschersleben

14. Juni 2016

„Verheiratete sind weitsichtig, Verlobte kurzsichtig und Verliebte sind blind.“

Der Eindringling

Wir hatten Familienzuwachs bekommen. Nein, nichts Kleines. Was wir bekamen, war schon ein größeres Problem.

Meine Tochter brachte gelegentlich ihren ersten Freund mit nach Hause. Nein, nicht oft, aber immer öfter. Ich traf ihn in unserer Wohnung jedenfalls häufiger als meine Frau. Ansonsten war er ein wirklich netter Kerl, schätzte offensichtlich die Gemütlichkeit – meine Biervorräte nahmen plötzlich rasant ab.

Es dauerte auch nicht lange, da fühlte er sich in unserem Kühlschrank heimisch. Er aß nicht nur gern, sondern verzehrte Unmengen, um nicht zu sagen, er fraß wie ein Scheunendrescher.

Dabei blieb es aber nicht. Wer viel isst, den drängts auch öfters auf ein gewisses Örtchen. Gut, dafür ist es schließlich da, aber auch ich sollte in unserer Wohnung das Recht besitzen, hin und wieder meine Toilette benutzen zu dürfen. Vor allem, wenn es am dringendsten erforderlich ist. Schließlich bezahle ich die Miete fürs Klo, und das immer pünktlich.

Auf den Zwanziger für die Diskothek, den ich den beiden vor einem Monat für eine Woche gepumpt hatte, warte ich noch heute. Wenn ich mir erlaube, sie freundlich an ihre Rükkzahlungspflicht zu erinnern, bin ich für sie gleich ein Spießer.

Komischerweise verbraucht sich mein Rasierwasser jetzt auch schneller, obwohl man die Barthaare des Freundes meiner Tochter an einer Tischlerhand abzählen kann. Von der rasanten Abnahme meines Duschgels, Haarwassers und Achselsprays ganz zu schweigen. Ich wage kaum ein Wort der Klage, um vor den jungen Leuten nicht als materialistisch eingestellter Konsumidiot dazustehen.

Seit kurzem vermisse ich auch meine Hausschuhe. Ich kaufte neue und bequemere. Seitdem sind meine alten wieder da und die neuen weg.

Samstag ist für mich Badetag und Fernsehabend. Erst lasse ich die Wanne und später mich volllaufen. Nach einem heißen Bad nicht unter einundvierzig Grad ist die Hautmassage mit einem harten Frotteehandtuch besonders angenehm. Man spürt förmlich, wie einem wieder das Blut durch die Adern jagt und fühlt sich um Jahre jünger.

Letzten Samstag war die Vorfreude auf mein Bad doppelt so groß. Ich wollte endlich die neue Badestola einweihen, die mir meine Frau zum Geburtstag geschenkt hatte. Doch ihr Platz im Wäscheschrank war verwaist. Ich stürmte ins Badezimmer, und da hing sie tropfnass auf der Wäscheleine. Böses ahnend, rief ich meine Frau, die mir schonend versuchte beizubringen, dass nur der Freund meiner Tochter …

Mein Adrenalinspiegel senkte sich erst, als die Scherben unseres letzten Tellers von der Küchenwand gebröckelt waren. Danach fühlte ich mich befreit und konnte wieder einigermaßen klar denken. Doch es erwies sich als reine Zeitverschwendung, meine Tochter zur Rede stellen zu wollen. Das einzige, was sie zu ihrer Verteidigung hervorzubringen hatte, war ihr Wunsch, ihr Vater würde etwas mehr Toleranz zeigen.

„Ich habe nichts gegen Menschen, die anders sind.
Sie müssen nur sein, wie ich bin."

Auf den Hund gekommen

Die Feste unserer Familie sind willkommene Oasen im Alltagstrott. Es gibt, aufs Jahr verteilt, fest vereinbarte Termine unserer Zusammenkünfte. Jedes Familienmitglied trägt ein Datum in seinem Ausweis, und es bedarf keiner ausdrücklichen Einladung.

Meine Schwester zeigte sich als Erste vor unserer Wohnungstür. Der Blickwinkel unseres Spions reichte leider nicht bis zum Fußabtreter. Als ich die Tür öffnete, machte es dort unten „Wuff". Nun, ich bin kein ausgesprochener Hundenarr, obwohl ich eine vorzügliche Delikatesse namens „kalter Hund" sehr zu schätzen weiß. Um meinen aufkommenden Widerstand im Keim zu ersticken, rief meine Schwester sogleich: „Ist der nicht süß – ist der nicht niedlich?"

„In meine Wohnung kommt mir kein Hund!", stellte ich kategorisch klar.

Mit gekränkter Miene nahm sie ihren Cäsarhund auf den Arm und machte einen letzten Versuch, mich umzustimmen. „Schau mal, wie treu er guckt!"

„Nein!", blieb ich hart. „Kein Hund!"

Der Lärm hatte meine Tochter angelockt. „Ist der nicht süß – ist der nicht niedlich!", jauchzte sie vergnügt und zerrte meine Schwester samt ihrem Köter in unser Wohnzimmer. Während meiner Geburtstagsfeier spielte ich nur eine Nebenrolle. Die Gespräche drehten sich hauptsächlich um den West Highland Terrier. Die gesündeste Ernährung wurde erörtert, über die wichtigsten Impfungen gesprochen und die richtige Fellpflege diskutiert. Derweil wälzte sich der Köter genüsslich auf unserer Couch. Er war mit Winterfell gekommen und verließ unsere Wohnung spät abends mit einem leichten Sommerkleid.

Doch es kam noch schlimmer. Nach und nach kam unsere ganze Verwandtschaft auf den Hund. Bereits zur nächsten Feier brachte Tante Ottilie ihre neueste Errungenschaft mit.

„Jeden Hund, aber nicht diesen!", protestierte ich und stellte mich raumausfüllend in den Türrahmen.

„Ist der nicht süß – ist der nicht niedlich?", versuchte mich Tantchen umzustimmen. Ihr Bernhardiner richtete sich plötzlich zur vollen Größe auf, stellte seine Pranken auf meinen Brustkorb und warf mich rücklings in den Korridor. Ich schlug mit dem Hinterkopf gegen den Holzrahmen der Badezimmertür und entging nur haarscharf einem Genickbruch. Dafür holte ich mir eine chirurgisch interessante Platzwunde. Nachdem ich regungslos zum Liegen gekommen war, stolzierten die beiden an mir vorbei, wobei sich Tantchen eine Bemerkung nicht verkneifen konnte: „Bernhardiner retten übrigens Menschenleben!"

Als Nächstes kaufte sich Onkel Alfred einen Rauhaardackel. Seit ihrem Chinaurlaub sind meine Eltern ganz verrückt nach einem Pekinesen. Meine Schwiegereltern führten zum nächsten Treff einen Rehpinscher an der Leine. Egal, welchen Einwand man vorzubringen hatte, alle behaupteten von ihrer Töle: „Ist der nicht süß – ist der nicht niedlich!"

Zu unseren Familienfeiern stehen inzwischen mehr Fressnäpfe im Korridor als Schuhe. Vom Chaos unterm Tisch gar nicht zu sprechen. Der Pekinese liebt Wurst, am liebsten von der Platte. Und was dem Pekinesen recht ist, kann dem Bernhardiner nur billig sein.

Da wir die letzten Hundelosen in der Familie sind, richten sich die fragenden Blicke immer häufiger auf uns. Ich verspreche dann, mich ebenfalls nach etwas Passendem umzuschauen. Als uns Tante Ottilie zu ihrem 70sten die Tür öffnete, erstarrte sie zu einer Salzsäule. In meinem Arm schlief seelenruhig ein grüner Leguan. Angeekelt schrie Tante Ottilie: „Um Gottes Willen, nicht dieses Tier!"

„Was hast du gegen ihn?", konnte ich mich über die vermeintliche Tierfreundin nur wundern und sagte mit einem verschmitzten Lächeln: „Ist der nicht süß – ist der nicht niedlich!"

Hunde mit Biss

Bis vor kurzem zählte ich zu den unbarmherzigsten Hunde-hassern, die unsere auf den Hund gekommene Zivilisation hervorgebracht hat. Der Gipfel meines unbändigen Hasses erreichte seinen Höhepunkt, als meine Frau selbstverschuldet von einer durchgeknallten Töle gebissen wurde. Sie hatte sich vor einem plötzlich auftauchenden Spitz erschrocken.

„Sie hätten keine Angst zeigen dürfen!", erklärte der Hundehalter ziemlich spitz. „So etwas mag mein kleiner Liebling nicht."

Im Übrigen war Herrchen stocksauer, da sein süßer Racker bei der Beißattacke einen Eckzahn eingebüßt hatte. Der dämliche Köter hatte in die Eisenschnalle ihrer Stiefel gebissen. Meine Frau kam mit dem Schrecken davon. Ich auch. Die Tierarztkosten in Höhe von 300 Euro zahlten wir auf Anraten des gegnerischen Anwalts zähneknirschend. Ein Hund ist schließlich ein Hund und dessen Würde unantastbar.

Um ein Haar hätte es mich selbst erwischt. Ich brachte es einfach nicht fertig, meine animalischen Ängste vor einem unangeleinten Rottweiler zu verbergen. Wenn solche Vie-cher nur Angstschweiß riechen, werden sie zu blutrünstigen Kampfmaschinen. Aber ich war Gott sei Dank schneller – auf dem Stoppschild.

Unangenehm, aber wesentlich ungefährlicher ist der massenweise achtlos zurückgelassene Hundekot. Einmal reingetreten – das stinkt zum Himmel! In Großstädten fallen täglich mehrere Tonnen von diesem anhänglichen Zeug an. Man müsste das mal alles zusammenkehren und diesen uneigen-nützigen Hundezüchtern vor die Haustür kippen.

Dann kam die Wende, also die Kampfhundeverordnung. Kampfhund hin – Kampfhund her, für mich ist jeder Kläffer mit einigermaßen gesundem Gebiss eine potenzielle Bedro-hung. Aber kann man sich als pflichtbewußter Bürger sträu-

9

ben, wenn einem der Staat so eine vierbeinige Waffe verordnet?

Mein Pitbull ist total megalieb. Er lässt sich unheimlich gern streicheln und am liebsten mit Kleinkindern oder Frührentnern füttern. Da ist er gar nicht wählerisch. Letztens stürzte er sich auf eine schicke Omi. Ihr dünnes Ärmchen knackte er mit einem Biss, da hätte sich jeder Oberschenkelhalsbruch verstecken können.

Aber die Oma hatte selbst Schuld! Warum versucht sie auch wegzurennen, wo sie doch eh keine Chance gehabt hätte. Die Leute sind einfach viel zu ängstlich. Keinen Arsch in der Hose, diesen aber den Hunden vor die Nase halten!

Für die bisher Ungebissenen habe ich einen Tipp: Legen Sie sich einen Hund zu! Ich habe noch nie gehört, dass ein Hundebesitzer gebissen worden wäre. Die armen Kreaturen haben schließlich auch ihren Stolz.

Und was Ihr Rumgemosere über Hundedreck angeht: Schauen Sie sich mal im Zehnmeter-Todes-Streifen hinter Autobahnparkplätzen um! So viele Tretminen hat es im ganzen Bosnienkrieg nicht gegeben.

Und selbst wenn man in einen schönen großen Hundehaufen getreten ist, dass einem die braune Biomasse freudig unter den Schuhsohlen hervorquillt, so soll das doch immerhin Glück bringen. Vielleicht sogar ein paar neue Schuhe.

„Politik ist das beste Mittel, mit den Mitteln der Bürger deren Interessen durch Vermittler mittelmäßig vermitteln zu lassen."

Anregung zum Nachdenken

Ein entführter Bankmanager sitzt gefesselt und zitternd um sein bisschen Leben auf einem Stuhl in einem kahlen, halbdusteren Raum.

„Was haben Sie schon in Ihrem Leben geleistet?", schreit ihn der maskierte Entführer mit vorgehaltener Pistole an.

Der eingeschüchterte Banker schluchzt herzerweichend.

„Sie und Ihresgleichen haben die Sparer mit Ihren exorbitanten Gehältern, den Bonuszahlungen, den Sondervergütungen, den Extrahonoraren, Freiflügen und Dienstkarossen um die mageren Zinsen gebracht!"

Da dem gefesselten Mann der Mund verklebt ist, bettelt er mit verheulten Augen um Gnade.

„Sie haben Millionen, ach was sage ich, Milliarden von EURO verzockt, leichtsinnig an der Börse verspielt, völlig verantwortungslos spekuliert."

Verängstigt zuckt er zusammen.

„Sie haben Europa in die Krise getrieben und die einfachen und fleißigen Bürger ums schmale Brot ihrer harten Arbeit gebracht!"

Der Geldhai windet sich wie vorm Untersuchungsausschuss.

„Sie haben Menschen in Armut, Hoffnungslosigkeit und Resignation getrieben!"

Der Banker reißt die Augen weit auf und schüttelt heftig den Kopf.

„Sie haben die Jugend um ihre Zukunft betrogen!"

Wieder winselt und schluchzt er wie ein von der Straße weggefangener, chinesischer Speiseköter.

Plötzlich löst der Entführer die Handfesseln und reicht dem Bankmanager die Pistole mit der Aufforderung: „Hier, lassen Sie sich das mal durch den Kopf gehen!"

„Die Arbeit, die die Beamten vor ihrem Winterschlaf nicht mehr
geschafft haben, lassen sie während der Frühjahrsmüdigkeit liegen,
um sie leichter über die Sommerträgheit schleppen zu können,
damit sie sie anschließend, nach dem Erwachen
aus einer Herbstlethargie, in das Fach legen können,
das unbedingt nach dem Winterschlaf erledigt werden muss."

Endlich gute Aussichten

Als kleiner Junge konnte ich abends nicht einschlafen, da ich
die immer wiederkehrenden Alpträume fürchtete wie Pro-
mis die Steuerfahndung. Diese bösen Träume nagten an meinem kindlichen Gemüt. Meine verständnisvollen Eltern setz-
ten sich dann zu mir ans Bett, und während Vater liebevoll
meine Hände tätschelte, sang Mutter: „Schlaf, Kindlein
schlaf!" Ihre sanfte und beruhigende Stimme hatte Erfolg –
Vater war eingeschlafen.

Als junger Mann hielt mich ein anderes Problem wach.
Unentwegt quälte mich der Gedanke, von meiner treuen
Freundin betrogen zu werden. Ich stand auf, kleidete mich
rasch an und fuhr zu ihr, um mich von ihrer verlässlichen
Treue zu überzeugen. Vorsichtig kletterte ich an den Efeu-
ranken bis zu ihrem Schlafzimmerfenster im ersten Stock
hinauf. Ein fremder Mann lag neben ihr im Bett und tat das,
was ich nicht konnte. Er schlief, – ja, seelenruhig schlief er.

Dieser Anblick versetzte mich augenblicklich in eine
lebensgefährliche Schockstarre. Meine Finger lösten sich
von den Ranken, und mit gebrochenem Herzen und gebro-
chenen Armen landete ich in den Blumenrabatten. In den
folgenden Nächten waren es diese fürchterlichen Schmerzen, die mich wachhielten. Ich schlich wie ein herrenloser
Hund durch die einsamen Straßen unseres Städtchens, wäh-
renddessen meine Eltern vor Sorge um mich keinen Schlaf
fanden.

Auch als tapferer Soldat beim Militär lag ich nächtelang
wach und starrte mit trübsinnigen Blicken auf die Sprung-

federn über mir. Vor lauter Angst, es könnte einen überraschenden Nachtalarm geben, konnte ich nicht einschlafen. Kaum war ich eingeschlummert, gab es einen überraschenden Nachtalarm.

Als ich später stolzer Vater einer Tochter wurde, hielt mich die Sorge wach, meinem unschuldigen Sprössling könnte es genauso ergehen, wie es seinerzeit mir als Kind ergangen war. Kaum war ich eingeschlafen, stand das quengelnde Nervenbündel mit seinem Teddy im Arm neben meinem Bett und zupfte mich aus den süßesten Träumen, für die man Gott sei Dank weder Internetgebühren noch Vergnügungssteuer bezahlen muss.

Meinen vom jahrelangen Schlafentzug geschundenen Körper dürstete es nach Ruhe und Entspannung. Mit wachsendem Interesse verfolgte ich alle Liveübertragungen der Bundestagsdebatten. Gespannt lauerte ich auf jeden Kameraschwenk in die gähnend leeren Reihen, denn ich war grenzenlos neidisch auf die zusammengefalteten Abgeordneten, die friedlich auf ihren Klappstühlen hockten und selig vor sich hindösten und damit ihr Geld im Schlaf verdienten.

Kurz entschlossen kündigte ich meinen stressigen und schlafkillenden Job als Nachtwächter und suchte mir einen ruhigeren in der Politik. Zwar befriedigte mich das Schlafpensum eines Kommunalpolitikers nicht, aber fürs Erste war es besser als gar kein Schlaf. Bald schaffte ich den Sprung ins Landesparlament, womit sich meine täglichen Schlafphasen um ein paar weitere Stunden stabilisierten. Die Geräuschkulisse heftig streitender Abgeordneter, Staatssekretäre und Minister versetzte mich in nie erlebte Tiefschlafphasen.

Nun kann ich es kaum erwarten, in der nächsten Legislaturperiode in den Bundestag einzuziehen. Und ich freue mich jetzt schon auf die langweiligen Endlosdebatten, die mir mindestens sechs Stunden Schlaf am Stück bescheren werden.

„Kein Geld zu haben, ist nicht so schlimm
wie Geld, das man nicht hat, auszugeben."

Letzte Chance Lotto

Meine Eltern gaben mir sehr viel mit auf meinen Lebensweg.
Das meiste waren gute Ratschläge, vielmehr gut gemeinte
Ratschläge. Der häufigste hieß: „Junge, sei höflich!" Am
wenigsten bekam ich aber das mit, was ich am meisten
gebraucht hätte – nämlich Bares.

Der einzige Reichtum, den ich während meiner Erziehung genoss, war diese selbst. Meine Eltern hatten nicht nur
wenig Geld, sondern das auch noch sehr häufig. Zwangsläu-
fig wurde aus mir ein bescheidener Mensch. Vater pflegte
immer zu sagen: „Höflichkeit ist das Kapital der Besitz-
losen." – Sie kostet nichts, bringt aber auch nichts.

Ich will keineswegs behaupten, dass ich heute pleite
wäre, dazu besitze ich zu viel vom Wenigen. Ich kann mich
auch über mein Gehalt nicht beklagen, nur leider liegen
eben die Zahltage zu weit auseinander. Es ist schon verdammt hart: Wenn das Geld aufgebraucht ist, ist immer noch
so viel Monat übrig.

Ich wage mich kaum noch in meine Bank. Und wenn,
spüre ich sofort die eisige Kälte feindseliger Blicke. Diese
jungen, von Mama herausgeputzten Bankersöhne scheinen
im Gegensatz zu mir alles mitbekommen zu haben, außer
der nicht in klingende Münze umtauschbaren Höflichkeit.

Gute Erziehung allein nützt eben nichts. Letztens konnte
ich dem aufdringlichen Charme eines Anlageberaters nicht
widerstehen. Doch mit feuchtem Taschentuch verließ er
kurze Zeit später wieder fluchtartig meine Wohnung, allerdings mit dem wohlgemeinten Rat, es einmal bei der staatli-
chen Lotteriegesellschaft zu versuchen.

Die mürrische Lottotante hatte entweder einen schlechten Tag oder eine schlechte Erziehung. Widerwillig beantwor-
tete sie meine naiven Fragen bezüglich des korrekten Ausfül-
lens des Tippscheins. Zu den aussichtsreichsten Zahlen

befragt, zischelte sie die Ziffern 1 bis 6, als verrate sie mir damit ein Riesengeheimnis. Natürlich versprachen diese Zahlen, wenn sie denn gezogen würden, absolute Traumquoten. Welcher Einfaltspinsel kreuzt schon so eine Zahlenreihe an?

Letzten Samstag war es endlich so weit. Zwar blieb die 1 im Ziehungsgerät, aber fünf Richtige sind doch auch nicht zu verachten. Und bitte vergessen Sie nicht, ich bin ja ein bescheidener Mensch! Den Gewinn habe ich sofort unter meinen Familienmitgliedern aufgeteilt. Ein hochwertiges Wohnzimmer für alle, das neueste Smartphone für meine Tochter, einen nagelneuen Laptop für mich und endlich eine Spülmaschine für meine Frau.

Die Pointe fand ich drei Tage später in der Zeitung unter der Rubrik „Gewinnquoten". Den todsicheren Tipp hatten achtunddreißigtausend Glücksritter. Der erhoffte Riesengewinn reicht aber immerhin für einen neuen Bettvorleger – diese Woche im Angebot bei ALDI.

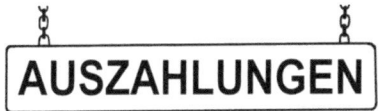

Hilfe, wir werden saniert!

Bereits die bloße Ankündigung der Wohngenossenschaft, unser Elfgeschosser werde in den nächsten Monaten einer Vollsanierung unterzogen, löste im Haus Panik aus. Möbelträger gaben sich fortan die Fahrstuhlknöpfe in die Hand.

Auch Stürzlers, unsere langjährigen Nachbarn, saßen auf gepackten Koffern.

„Wollt ihr euch das wirklich antun?", fragten sie mitleidig, weil wir versichert hatten, ausharren zu wollen. Felix zählte eine Reihe von Verwandten und Kollegen auf, die allesamt Opfer von Sanierungen geworden waren und jetzt nur noch seelische Wracks wären.

„Hast du eine Vorstellung, was für Leute die Baufirmen schicken?", fragte Felix. „Ausländer, die kein Wort Deutsch verstehen, Hilfsarbeiter, die Hammer und Meißel nicht unterscheiden können, und Leiharbeiter, für die Begriffe wie Fleiß und Arbeitsmoral nicht mal im Duden vorkommen."

Mir wurde angst und bange. Vor Zorn bebend, fasste ich den Entschluss, mich gründlich auf die anrollende Streitwelle vorzubereiten, und durchstreifte den einschlägigen Buchhandel auf der Suche nach juristischer Fachliteratur.

Als Erstes wurden unsere Fenster ausgewechselt. Die beiden Monteure arbeiteten, dass ihnen der Schweiß von der Stirn perlte. Eine Tasse Kaffee lehnten sie mit einem dankbaren Lächeln ab. Sie müssten acht Fenster in einer Schicht schaffen und da sei leider keine Kaffeepause drin. Wer so unter Druck arbeitet, der schludert. Ich rechnete mit dem Schlimmsten – mit undicht eingesetzten Rahmen und schiefen Fensterbänken.

Als die beiden Monteure kurz die Wohnung verlassen hatten, nutzte ich die günstige Gelegenheit, um ihre Arbeit mit der Wasserwaage zu kontrollieren. Die Fensterbänke waren tadellos eingepasst und die Rahmen sauber mit Silikon abgedichtet. Verdammter Mist, schimpfte ich, innerlich vor Wut kochend, es gab nichts zu beanstanden.

Auch die Heizungsmonteure lieferten solide Arbeit ab. Die Heizkörper saßen gerade, nicht ein Ventil tropfte, und keines der Rohre war schief angebracht. Verständigungsprobleme gab es auch nicht. Meine vorsorglich gekauften Wörterbücher Deutsch-Polnisch, Deutsch-Portugiesisch und Deutsch-Tschechisch konnte ich wegstellen.

Die Klempner werkelten zu meiner vollsten Unzufriedenheit. Nicht den geringsten Grund zur Reklamation gab es. Und frech wurden sie auch nicht. Immer freundlich, immer zuvorkommend, als wollten sie mir eins auswischen. Wozu hatte ich mir die ganzen Bücher gekauft? „Meine Rechte als Mieter bei der Sanierung" wollte ich dem Bauleiter gehörig um die Ohren hauen. Mit mir können die nicht so umspringen, so nicht!

Meine letzte Chance witterte ich beim Fliesenleger. Über deren Zunft hat man ja schon die tollsten Dinge gehört. Eine Fliese, ein Bier, eine Fliese, ein Bier. Aber nicht mit mir, Freundchen! Du wirst mich kennenlernen! Ich habe mich schneller beim Projektleiter beschwert, als deine erste Fliese festgeklebt ist. Doch das Klappern aus seiner Ledertasche rührte nicht von Bierpullen, sondern von Colaflaschen.

Wollen die mich ins Grab bringen, diese Halunken? Was ist nur mit den heutigen Handwerkern los? Wozu hat man denn den ganzen Frust aufgestaut, wenn einem jede Gelegenheit zur Beschwerde genommen wird?

Schweißgebadet erwache ich aus meinem Alptraum.

Gott sei Dank! Die Lage ist ernst – aber nicht hoffnungslos. Die Reko beginnt erst morgen.

Die Kümmernisse eines höflichen Mieters

Bis vor kurzem herrschte in unserem Elfgeschosser ein höflicher Umgangston. Es wurde freundlich gegrüßt, man hielt sich zuvorkommend die Tür auf und pflegte den nachbarschaftlichen Plausch auf der Treppe. Die wenigen Gebissmuffel, die ihren Mund nur zum Essen aufreißen, blieben in der Minderheit. Das änderte sich schon bald.

Bereits die nackte Ankündigung unseres Vermieters auf eine Vollsanierung löste eine panikartige Fluchtwelle aus. Wer es sich einigermaßen leisten konnte, packte seine Koffer und zog fort. Dass wir unsere Koffer nicht gepackt hatten, lag weniger daran, dass wir nicht zu den Besserbetuchten gehörten, sondern war vielmehr dem Umstand geschuldet, dass wir gar keine Koffer besaßen. Bestenfalls nannten wir eine instabile Reisetasche aus Schlabberstoff, hochwertiges Werbegeschenk vom spendablen Bertelsmann-Club, unser Eigen.

Im Haus zurück blieben Rentner, Arbeitslose, drei vier Alkoholiker, ein paar Assis und wir. In den Jahren nach der notdürftigen Sanierung zogen auch noch einige Rentner aus, das hatte aber eher natürliche Ursachen. Unter den verbliebenen und neu hinzugezogenen Mietern breitete sich die Unhöflichkeit aus wie eine grassierende Virusepidemie.

Da wohnt zum Beispiel im Parterre dieser unrasierte Trinker, der seine Zähne nie auseinanderbekommt, weil er nämlich gar keine mehr hat. Selbst sein Hund senkt betrübt den Blick, wenn ich die beiden treffe. Wahrscheinlich fehlt ihm die Kraft zum Bellen, ja nicht einmal ein lustloses „Wuff" kann man dem faulen Köter entlocken.

Auf dem Gesicht der wohlbeleibten Singlefrau aus der dritten Etage, billiger Abklatsch von Cindy aus Marzahn, sieht man nie ein freundliches Lächeln. Ihrer verbissenen

Miene geschuldet, habe ich ihr den Spitznamen Steinfresse verpasst.

Mein Übermieter, der seine Katze liebevoller behandelt als seine Kinder, brabbelt anstatt einer Begrüßung nur ein paar unverständliche Laute in den Vollbart. Auch dieser untersetzte Fettfleck aus der sechsten Etage verkörpert die personifizierte Unhöflichkeit. Als ich zwei Bierkästen die Treppen hochschleppte, ließ er die Haustür vor meiner Nase zufallen.

Das Fass schien überzulaufen, als zu allem Unglück neben den vielen Assis auch noch eine iranische Familie in unser Haus einzog. Als ich dem orientalischen Ehepaar Tage später zum ersten Mal auf dem Flur begegnete, musste ich völlig überrascht ein gebrochenes, aber deutliches „Guchten Tach!" vernehmen.

Ich grüßte nicht zurück! Vor lauter Entsetzen hatte es mir die Sprache verschlagen.

19

Unser Muchmed!

Enttäuscht verließen die drei Fußballfans das Stadion. Ihr Team hatte eine herbe Niederlage einstecken müssen. Muchmed Dafami, der gegnerische Stürmerstar und ägyptische Nationalspieler, hatte das entscheidende Tor geschossen. In letzter Minute.

Für jeden einigermaßen klar denkenden Bürger verständlich, dass die drei Sportsfreunde gezwungen waren, „Ausländer raus! – Ausländer raus!" zu skandieren. Schlimm genug, dass diese Kameltreiber nach Deutschland kommen und fette Spielerprämien kassieren, von denen selbst die Klofrau des Sultans von Brunei nur träumen kann.

„Dieses elende Ausländerpack!", erboste sich einer der Fans und fügte sachlich hinzu: „Hätte unser Igor Bajakow spielen können, hätten wir nie verloren."

Selbst der dänische Trainer Jorgen Holgerson hatte noch vor dem Anstoß zu seinem holländischen Assistenten gesagt: „Ohne Bajakow werden wir alt aussehen."

Unverständlich, dass der deutsche Fußballverband die auswärtigen Ausländer nicht automatisch sperrt, wenn die einheimischen Ausländer erkrankt sind. Über kurz oder lang muss diese Praxis bei den Fans, neurotisch bedingt, zu schwer abbaubarer Fußballverstimmung führen. Unkontrollierte Entladungen wie „Scheißkanake" oder „Kümmeltürke" bleiben keine Seltenheit – allerdings ziemlich wirkungslos. Abgefackelte Imbissbuden, zertrümmerte Fanbusse oder gegnerisch aufgeklatschtes Fanmaterial erweisen sich dagegen als durchschlagendere Behandlung. Garantiert ohne Nebenwirkungen! Fragen Sie Ihren Anwalt oder Haftrichter!

Die drei unzufriedenen und ausgehungerten Fans blieben aber friedlich. Heiser vom „Ausländer raus!" – Rufen, krächzte der Erste: „Jemand Hunger auf Döner?"

„Ne, mir ist der Appetit vergangen", antwortete der Zweite. Der Dritte erklärte, er esse prinzipiell nichts von Ausländern. Dann schon eher was vom Chinesen. Chinesisch mochte wiederum der Erste nicht und schlug vor, beim Italiener eine Pizza zu holen.

„Keine zehn Pferde kriegen mich zu diesen Spaghettifressern!", wetterte der Zweite.

Plötzlich verharrten sie. Ein Zeitungsverkäufer rief: „Das Abendblatt! Wechsel des Ägypters Muchmed Dafami perfekt."

Gemunkelt hatte man ja schon eine Weile von dem Transfer. Die drei Fans schauten einander triumphierend an. „Muchmed Dafami wird einer von uns", jubelten sie und liefen zum Parkplatz.

Sie stiegen in ihren Peugeot und fuhren zu einem kroatischen Restaurant.

„Frisuren sind Geschmackssache, außer dem Haar in der Suppe."

Igelschnitt

Unser Umfeld reagiert auf Veränderungen oft mit Unverständnis. Das war auch der Fall, als ich mich meines jahrelang
stolz getragenen Haarkleides, bestehend aus glattem,
geschmeidigem Haar, akkuratem Mittelscheitel und halb ent-
blößten Ohren, entledigte. Meine neue Frisur, eigentlich ist
es gar keine Frisur, denn jedes Haar misst exakt neun Milli-
meter, wird im Volksmund gern als Igelschnitt abgetan.

Einen solchen hatte ich mir zugelegt, vertrauend auf das
Unverständnis meiner lieben Mitmenschen. Ich wurde nicht
enttäuscht. Die Anfeindungen, denen ich mich besonders in
den ersten Wochen ausgesetzt sah, reichten vom einfachen
Kopfschütteln bis hin zu persönlich verletzenden Beleidigun-
gen. Einige sahen in mir die wunderbare Verwandlung zu
einem russischen Elitekämpfer. Andere verglichen mich mit
einem CIA-Agenten und wieder andere hätten darauf
schwören können, dass ich mir diesen Haarschnitt nur zugelegt hätte, um meine künstlerischen Ambitionen besser
heraushängen zu lassen.

Keinem kam auch nur im Entferntesten der Gedanke,
dass die Motive, die mich zu meiner heroischen Tat getrieben hatten, ganz simple Gründe haben könnten. Als Erstes
muss ich die unverschämt in die Höhe geschnellten Preise
unserer Hairstylisten nennen. Für meinen letzten Schnitt
brauchte die Schere schwingende und im Akkord stehende
Friseuse knapp sieben Minuten. Allein für das Haarewaschen
benötigte sie nicht länger als kleine Kinder zum Händewa-
schen. Das war einfach zu viel für so wenig.

'Schluss!', protestierte ich entschlossen. Ich sehe nicht
länger ein, mein sauer verdientes Geld in einen sich selbst
zersetzenden Berufsstand zu investieren.

Neben dem Spareffekt bieten kurze Haare einen weiteren Vorteil, sie sind unverschämt pflegeleicht. Und gerade

22

Hausfrauen schätzen alles, was pflegeleicht ist wie Textilien, Teppiche, Haushaltgeräte und Kleintiere. Wenn ich mich nach dem täglichen Duschbad mit einem Handtuch abrubbele, sind meine Haare bereits trocken, ehe ich an den Füßen angelangt bin. Neben dem Effekt, weniger Haargel zu benötigen, kann ich mit einem Lächeln fortan auf Kamm, Haarspray und Schaumfestiger verzichten. Die so gewonnene Zeit, die ich ansonsten jeden Morgen zur Ordnung meiner in alle Richtungen sprießenden Haare benötigt hatte, habe ich dabei noch gar nicht ins Kalkül gezogen.

Alles in allem kann ich feststellen: Die Vorteile meiner Gesichtsveränderung überwiegen. Und auf das Unverständnis von Verwandten, Bekannten und Kollegen reagiere ich, indem ich nicht mehr reagiere. Ich tröste mich insgeheim damit, dass viele große Schriftsteller wie Goethe, Tolstoi, Balzac, Stendhal, Poe oder auch Proust in den jungen Jahren ihres Schaffens von ihren Zeitgenossen auch nicht verstanden worden waren.

Im Übrigen war mein Nachbar Felix Stürzler der einzige Mensch, der völlig unbeeindruckt auf mein neues Outfit reagierte. Er fragte mich mit einem Schmunzeln auf den Lippen: „Na, Uwe, du hast wohl eine Wette verloren?"

„Wieso verloren?", antwortete ich schlagfertig. „Ich habe eine gewonnen."

Viele Wege führen an Rom vorbei

Deutschland hat das dichteste Straßennetz der Welt, wenn nicht gar des Universums. Bei der chaotischen Verkehrsführung vieler Städte verlieren selbst kampferprobte Fahrer schnell den Durchblick. Zum Glück bietet die elektronische Industrie nützliche Helfer an und verspricht den Irrlichtern des Asphalts: „Unser Navi bringt Sie mit Sicherheit ans Ziel!"

Nach einer Berliner Lesereise kehrte ich als seelisches Wrack heim. Ein Verkehrspsychologe stieß auf den Grund meiner postantimobilen Depression und riet mir zu einem Navi. Im Fachhandel erstand ich ein rezeptfreies Gerät, welches mir entspanntes Fahrvergnügen garantierte. Gleich am nächsten Tag wollte ich es ausprobieren, auf dem Weg zu einer Veranstaltung ins erzgebirgische Zwönitz.

Die Fahrt verlief zunächst ohne nennenswerte Vorfälle. Die beiden Abbiegevorgänge krächzte mir die weibliche Stimme meines Navis, ich nannte sie Klara, zuverlässig ins Ohr. Zufrieden erreichte ich das kleine Städtchen Waldenburg. Auch der dritte Richtungswechsel klappte problemlos.

Dann aber passierte es! Klara scheiterte an einer neu ausgebauten Kreuzung zweier Bundesstraßen. Vermutlich war sie noch nie in der Gegend, denn plötzlich hatte sie sich restlos verirrt, weigerte sich aber hartnäckig, mir diese menschliche Schwäche einzugestehen. Trotz ihrer Ahnungslosigkeit bestand Klara darauf, dass ich links abbiege, obwohl die Hinweisschilder geradeaus anzeigten. Verunsichert vertraute ich der reizenden Stimme mit der erotischen Ausstrahlung eines Wagenhebers. Nach zweihundert Metern bremsten mich arge Zweifel, und ich wendete. Klara war eingeschnappt, wie es Frauen eben nun mal sind, wenn man nicht auf sie hört. Trotzig verlangte sie, dass ich geradeaus fahre anstatt links abzubiegen. Ich hielt an, um in der Straßenkarte nachzuschauen. Leichtsinnigerweise lag diese in der Garage.

Nach einigen ziellosen Kilometern hatte ich mich hoffnungslos verfahren. Da ich keinen Atlas dabei hatte, war ich Klara auf Tod und Verderben ausgeliefert, und das nutzte dieses mistige Stück schamlos aus. So zeigte sie mir die dörfliche Idylle unserer schönen Heimat und befehligte mich über halb befestigte Waldwege.

Allmählich geriet ich unter Zeitdruck. Nach einer ausgedehnten Landpartie über reparaturbedürftige Wirtschaftswege stieß ich zufällig auf meine alte Route und kam in die Kleinstadt Lugau. Klara kannte sie nur als Siedlung, denn dort, wo Häuser standen, wies sie ein Waldgebiet aus. Vermutlich stammte das Kartenmaterial noch von den Napoleonfeldzügen.

In Stollberg war meine charmante Routenhilfe mit ihrem Latein restlos am Ende und lotste mich ratlos in eine Endlosschleife, indem sie mich pausenlos aufforderte, rechts abzubiegen. Nach drei Runden durchbrach ich den Kreisverkehr. Klara schmollte und kommandierte mich in eine Einbahnstraße. Ich hielt an und versuchte, mich an die aktuell gültige Regel zu erinnern.

Klara war sauer und schickte mich in eine Strafrunde über Thalheim. Mitten auf der Landstraße verlangte sie plötzlich, dass ich scharf links abbiegen soll, obwohl es nicht einmal einen Feldweg gab. Natürlich widersetzte ich mich ihrem arglistigen Verlangen und hielt im nächsten Ort an.

Da ein pünktliches Erscheinen aussichtslos geworden war, rief ich den Veranstalter an und sagte die Lesung ab, worüber sich Klara riesig freute. Ohne Probleme führte sie mich zur Autobahn und schließlich nach Hause. Am nächsten Tag brachte ich das störrische Luder zurück. Ein Umtausch kam nicht in Frage. Ich sagte zu dem enttäuschten Verkäufer: „Das nächste Mal nehme ich meine Frau mit."

„Frauen haben aber", gab er zu bedenken, „keinen Orientierungssinn."

„Ich weiß. Ihr Gerät hat es mir eindrucksvoll bewiesen."

Dieses Jahr nur Kurzurlaub

Urlaub und Vergessen bilden eine dialektische Einheit, denn die Urlaubszeit ist die vergnüglichste Zeit des Vergessens. Endlich kann man die nervende Arbeit vergessen, den cholerischen Chef, die missgünstigen Kollegen oder den stets übellaunigen Hausverwalter. Auch den gewaltbereiten Hundehasser aus der zweiten Etage, der drei Katzen in der Wohnung hält, lässt man gelassen zurück. Der regt sich ja schon auf, wenn unser süßer Rottweiler seinen Abtreter mit einem kleinen Würstchen verziert.

Die freien Tage fern der Heimat in fremden Betten mit unbekannten Milben haben aber auch ihre Schattenseiten. Oft werden nämlich die wichtigsten Utensilien wie Flugtickets, Reisepässe, Videokamera oder die Reisekasse zurückgelassen. In unserer Nachbarschaft vergaß vor sieben Jahren der weibliche Teil eines kinderlosen Paares, die Pille mit- und einzunehmen. In diesem Jahr können sie sich wegen der Einschulung ihrer Sybille nur einen Kurzurlaub leisten.

Wir dagegen vergaßen voriges Jahr glatt unsere Tochter. Erst am Hermsdorfer Kreuz vermissten wir ihr Geningel.

Auch in diesem Jahr kam wieder alles anders.

„Liebling, hast du auch wirklich alles dabei?", versicherte ich mich noch einmal bei meiner Frau.

„Ja, es ist an alles gedacht", beruhigte sie mich.

Erleichtert startete ich den Motor und fragte, nur um wirklich ganz sicher zu gehen: „Und den Fotoapparat?"

„Ich habe sogar noch eine größere Speicherkarte besorgt."

„Wanderschuhe?"

„Sind im Schuhbeutel."

„Die Pässe?"

„In meiner Handtasche."

„Geld und EC-Karte."

„Auch."

„Die Reiseunterlagen?"

„Welche Reiseunterlagen?" Meine Frau starrte mich wie versteinert an. „Du wolltest doch die Reise buchen!"

Ich Idiot hatte doch tatsächlich den Termin im Reisebüro vergessen.

Wir schleppten unsere Koffer und Flugbegleiter in die Wohnung zurück. Beim Auspacken waren wir froh, den Urlaub doch nicht angetreten zu haben. Es fehlte wieder die Hälfte.

Wem die Tanzstunde schlägt

Was mich am ersten Tag in der Tanzschule erwartete, war vergleichbar mit dem organisierten Chaos eines Ameisenhaufens. Zu Anfang des Lehrgangs übten wir ohne Partnerin. Zunächst galt es, die Grundschritte zu erlernen. Der Tanzlehrer hatte weiße Quadrate auf das Parkett geklebt, und wir sollten von einer Ecke in die andere hüpfen, immer wiegend im Takt der Musik.

Dann kam die Stunde der Wahrheit. In zwei langen Doppelreihen saßen wir den jungen Damen gegenüber. Mit gierigen Blicken hungriger Wölfe spähten die Jungen bereits nach ihren Opfern. Die Mädchen hielten indes ihre Knie eng zusammengepresst, die Köpfe unschuldig zur Seite geneigt und die Augenlider erwartungsvoll hochgeschlagen.

Kaum erklangen die ersten Töne, setzte ein fürchterliches Schlachtgetümmel ein. Die jungen Herren stießen sich gegenseitig die Ellenbogen in die Rippen und schlugen sich die Fäuste ins Genick. Vor den hübschesten Damen bildeten sich aussichtslose Staus.

Ich sah mich gezwungen, aus der Not eine Tugend zu machen, und schnappte mir die Erstbeste, die meine zitternden Händchen zu greifen bekamen. Das Mädchen hatte einen unerhört kräftigen Körperbau wie eine russische Kugelstoßerin. Als sie aufstand, wurde mir beim Hochsehen schwindlig. Sie packte meine sanften Knabenhände, dass ich glaubte, sie wären in einen Schraubstock geraten.

Noch vor dem zweiten Tanz verfluchte ich mich, die Tanzschule und alle, die mir dazu geraten hatten. Mit Tanzen hatte das nichts zu tun. Ich hatte das Gefühl, als schöbe ich einen Schlafzimmerschrank übers Parkett.

Das Mädchen verfügte über keinerlei Gespür für Rhythmus und Takt. Meine Zehen hatten trotz der Kürze der Zeit bereits sämtliche Farbschattierungen angenommen. Unentwegt verwechselte sie die Reihenfolge der Schritte und Drehungen. In den folgenden Wochen musste ich mich mehrmals wegen Schienbeinprellungen und ausgekugelter Schultern in ärztliche Behandlung begeben.

Zwar hatte ich inzwischen gelernt, ihren unkontrollierten Schritten auszuweichen, und das war weitaus schwieriger als das Erlernen von Cha-Cha-Cha, Rumba und Paso Doble zusammen. Dennoch bekam ich einmal nicht rechtzeitig meinen Fuß unter ihrem weg. Die Wucht des Aufpralls zertrümmerte regelrecht meine Mittelfußknochen.

In den folgenden Wochen lernte ich den straff organisierten Tagesbetrieb eines städtischen Krankenhauses kennen. Ohne größere Zwischenfälle glückte den Chirurgen die komplizierte Operation. Eigens dafür hatte man eine weltweit anerkannte Kapazität auf dem Gebiet der plastischen Fußchirurgie einfliegen lassen.

Gesundheitliche Gründe zwangen mich zur Absage des Abschlussballs. Nur unter größten Schmerzen hätte ich die Pflichttänze abhumpeln können.

Endlich, dachte ich erleichtert, hat der Spuk ein Ende! Ich erhielt einen Brief der Tanzschule. Sie bedauerten aufrichtig meine häufigen Ausfälle wegen der zahlreichen akuten Verletzungen. An dieser Stelle stockte mir der Atem, da mein Herz beim Spekulieren über Schmerzensgeld freudig zu hüpfen begann.

Die Tanzschule fühlte sich in meiner Schuld und gab mir sowie meiner netten Tanzpartnerin Gelegenheit, den nächsten Kurs kostenlos zu belegen.

"Der Politik sind Kinder doch egal,
es sei denn, sie dürften schon mit Zehn zur Wahl."

Casanova mit Bundesverdienstkreuz

„Stell dir vor, ein Volk stirbt aus, und keiner merkt es!" Diesen geistreichen Satz soll vor Jahren ein kluger deutscher Geist geäußert haben. Und dass dieser nicht von allen guten Geistern verlassen war, belegt die Tatsache, dass die Deutschen lieber geistesabwesend dem Weingeist huldigen, als mit aller Kraft zu verhindern, dass in überschaubarer Zeit unsere Metropolen wegen Mangels an Nachkommen zu Geisterstädten verkommen.

Nur wenige stemmen sich gegen diese Lawine, die ungebremst von der Alterspyramide ins Tal der Gräber donnert. Zu den wenigen gehört mein schlanker Vetter Jochen, ein Mann, wie er im Buche steht – im Kamasutra. Seinen stahlblauen Augen (Kontaktlinsen Fielmann), seinen blonden Locken (Haardesign Wella) und seinem athletischen Körper (Fitnessstudio um die Ecke) erliegt jedes weibliche Wesen zwischen 18 und 80.

Selbst eine Nonne konnte seinen Verführungskünsten nicht widerstehen und streifte ihre Tracht mit der Grazie einer Stripperin von ihrem begehrlich reinen Körper. Auf diese himmlische Weise wurde sie von einer Ordensschwester zu einer ordentlichen Mutter.

Ein Kind zieht bei meinem Vetter Jochen aber noch lange nicht den Wunsch nach sich, sich in einer eheähnlichen Geiselnahme drangsalieren zu lassen. Er nimmt die Frauen wie Feiertage – Hauptsache, sie fallen. Vermutlich wird er von einem übernatürlichen Jagdinstinkt getrieben, der ihn zu immer neuen Taten und Tätlichkeiten treibt. Ein Förster rennt seinem Platzhirsch auch nur solange hinterher, bis dieser hingestreckt zu seinen Füßen liegt.

In seinem Sexwahn ist Hechler Jochen zu allem Unglück auch noch sehr fruchtbar. Er braucht eine Frau auf der gegenüberliegenden Straßenseite nur anzuschauen, und sie wird schwanger. Inzwischen ist mein Vetter Sponsor einer ganzen Fußballelf einschließlich dazugehöriger Reservespieler. Jochen ist ein wahrer Frauenheld, der viel auf schöne Frauen hält.

So, wie ein mittelständisches Unternehmen Leasingraten für seinen Fuhrpark zahlt, blecht Jochen Alimente. Obwohl er zu den Besserverdienenden zählt, zahlt er nicht gern. Seine Nachwuchsaktivitäten sicherten ihm nicht nur einen Eintrag im Guinessbuch der Rekorde, sondern sickerten bis in höchste Regierungskreise durch, in denen die deutsche Geburtenfaulheit immer wieder zu heftigsten, leider aber fruchtlosen Debatten führt. In Anerkennung seines eindringlichen Wirkens um den Fortbestand des germanischen Volksstammes überreichte ihm der Bundespräsident das Bundesverdienstkreuz. In der Laudatio hieß es: „Wir danken den furchtlosen wie fruchtbaren Anstrengungen dieses modernen Pharaos, der nicht tatenlos rumsitzt, sondern seinen Stab erhebt, um gegen die Alterspyramide anzukämpfen."

Eines Tages, werfen wir einen ungetrübten Blick in die nahe Zukunft, werden auf dem Grabstein meines Vetters Jochen die nachdenklichen Worte zu lesen sein: „Sein Trieb war stark – sein Herz war schwach! Hier ruht der letzte Deutsche, der seine Vaterlandspflichten sehr ernst genommen hat. Seine Nachkommen sind ausgewandert."

Tod macht erfinderisch

Das Leben ist teuer, selbst der Tod kostet ein Vermögen. Es gibt nur eine Möglichkeit, den unverschämten Bestattungspreisen zu entkommen. Man weigert sich ganz einfach, noch zu Lebzeiten, seinen Geist aufzugeben. Gentechnisch bald keine Utopie mehr. Bloß, wie komme ich dann an Opas Bankkonto?

Zum Glück wusste Opa nichts von den weltweiten Anstrengungen der Genmafia. Womöglich hätte er noch auf dem Sterbebett seine Meinung geändert und sein Ableben so lange hingezögert, bis es biologisch überflüssig geworden wäre. Für künftige Generationen ein grausames Szenario. Denn bald wird man sich ohne größere Anstrengungen vor seinen rechtmäßig lauernden Erben aus der Verantwortung ziehen können.

Also wie gesagt, Opa fiel der Abschied nicht allzu schwer. Er hatte ein schönes Leben, mehrere Frauen überlebt und ein hübsches Sümmchen zur Seite gebracht. Friedlich und mit grenzenloser Güte in seinen Gesichtszügen entschlief er dieser kränkelnden Welt, und er dankte dem lieben Gott in seiner letzten Minute, in mir einen so geduldigen Erbschleicher gefunden zu haben.

Was ich allerdings im Übereifer der gellenden Vorfreude nicht bedacht hatte, war die gierige Anteilnahme der hiesigen Leichenbestatter. Überführung im Spezialkombi, Aus- und Ankleiden, hygienische Grundversorgung, Desinfektion und Einbetten, Eichensarg, Trauerfeier, Festredner und der „Kleine Trompeter" können eine gutbürgerliche Familie an den Rand des Ruins bringen.

Ich war nicht bereit, den Totengräbern auch nur einen müden Euro von meinem sauer erworbenen Erbe abzugeben. Übrigens fand ich es im Nachhinein von Opa verantwortungslos, nicht selbst etwas für seine Beerdigung zurückgelegt zu haben. Er hätte doch in seinem Alter die Preise kennen müssen.

Mit einer grandiosen Idee und Billigvariante zog ich mich geschickt aus der Affäre. Ich pachtete einen Quadratmeter Friedhof und ließ Opa bis zum Bauchnabel eingraben. Opa war nämlich leidenschaftlicher Hobbygärtner und konnte auf diese Weise gleich selbst die Grabpflege übernehmen.

Blumengrüße vom Bahnhof

Mein alter Kumpel Balthasar Flüster hatte uns zu seinem runden Geburtstag, den ich aus Gründen der Diskretion nicht verraten darf, immerhin beginnt er mit einer Fünf, eingeladen. Nach so vielen Jahren freute ich mich derart auf unser Wiedersehen, dass ich in einem Anflug unbedachten Leichtsinns meiner Frau vorschlug, den Zug zu nehmen. Freudestrahlend willigte sie sofort ein. Spätestens jetzt hätte ich misstrauisch werden müssen.

Erst als es zu spät war, wir bereits den Leipziger Hauptbahnhof betraten, erinnerte ich mich an ein längst vergessenes Gespräch, in dem mich meine holde Gattin zu einem Einkaufsbummel durch die Bahnhofspromenaden überreden wollte. Ich lehnte natürlich mit der Hartnäckigkeit einer chronischen Darmverstopfung ab. Inzwischen sind nämlich Bahnhöfe nicht mehr nur Drehscheiben im internationalen Zugverkehr, in denen sich mit regelmäßiger Pünktlichkeit die Züge verspäten. Bahnhöfe pervertieren zunehmend zu Konsumtempeln, bestehend aus einer unüberschaubaren Konzentration von Glas, Leichtmetall und hochwertigen Natursteinfliesen.

In den Einkaufspassagen, egal zu welcher Uhrzeit, herrscht stets ein dichtes Gedränge wie auf Prof. Gunther Hagens perfiden Körperwelten. Ich bin wie die meisten meiner Artgenossen nur sehr schwer zu Shoppingausflügen zu bewegen. Doch meine Frau ist eine Meisterin in der vorbereitenden Diplomatie. Dabei ist sie in ihrer Lernfähigkeit so wendig wie ein Gelenkbus. Ihr abgenutzter Trick mit den dringend benötigten Schuhen überzeugt mich schon lange nicht mehr, auch wenn sie mir versichert, in den fünf Schuhgeschäften der Bahnhofsmeile garantiert etwas Passendes zu finden. Schneller hat man eine Fußballelf samt Ersatzspieler eingekleidet. Außerdem gerät meine Frau, gefangen von diesem anziehenden Glanz und Glamour, völlig außer Kontrolle, und sie läßt unsere EC-Karte über den Ladentisch tanzen, dass selbst ein argentinisches Turniertanzpaar blass werden würde.

Als wir den Bahnsteig betraten, entfuhr meiner Frau ein markerschütternder Aufschrei. Wir hatten die Blumen für Balthasar vergessen. Aber zwanzig Minuten bis zur Abfahrt unseres Zuges dürften genügen, um einen neuen Strauß zu besorgen. Auf der Suche nach einem Floristikladen streiften wir ein Schuhgeschäft, das meine Frau gnadenlos einsaugte.

Meine hektische Geste zur Armbanduhr schmetterte sie beim Durchstreifen der Regale mit dem Hinweis ab, noch genügend Zeit bis zur Abfahrt unseres Zuges zu haben. Als wir das dritte Schuhgeschäft verließen, hatte unser Zug bereits die Hälfte seiner Fahrtstrecke absolviert.

„Und nun?", fragte ich meine Frau wütend, nachdem ich die fünf Schuhkartons abgestellt hatte.

„Wir nehmen den nächsten", gab sie lax zurück und wandte sich zum Gehen.

„Der nächste fährt erst morgen früh!"

„Dann haben wir ja noch genügend Zeit zum Shoppen."

„Und was wird aus Balthasar?"

„Wir schicken ihm Blumen mit Fleurop."

Die Laufmasche

Witwe Johannsen frönte seit dem Tod ihres geliebten Mannes einer fast ausgestorbenen Leidenschaft. Von morgens bis mittags und von nachmittags bis abends saß die betagte Dame in ihrem Lieblingssessel am Fenster und strickte. Trotz ihrer zittrigen Hände führte sie die beiden verchromten Stricknadeln exzellent. Auf dem abgetretenen Perser tänzelte nimmermüde ein lustiges Wollknäuel, das sich dabei so verausgabte, dass es mit jeder Drehung spürbar an Gewicht verlor.

Für die Witwe Johannsen war das Stricken zu einem neuen Lebensinhalt geworden. Sie strickte Schals für den Sohn, Topflappen für die Tochter, kratzende Pullover für die Enkel und ein Wams für ihren Hund. Eines Tages geschah dann das Unfassbare. Sie verlor nicht nur eine Masche, sondern auch ihre Brille, um erstere wiederzufinden. Auch mit ihrer schwächeren Ersatzbrille und verstärkten Suchaktionen blieb sie unauffindbar. Möglicherweise, so stellte die Witwe belustigt fest, hatte die Masche das Laufen gelernt und das Weite gesucht.

Ein paar Tage später, Witwe Johannsen war gerade bei ihren Kindern zu Besuch, wurde am helllichten Tage bei ihr eingebrochen, wobei sich die Gauner durchs schmale Klofenster pressten. Die Ganoven ließen neben Bargeld ein Wandgemälde, das Tafelsilber und die Münz- und Briefmarkensammlung ihres Mannes mitgehen. Ein paar Straßen weiter wurden die überraschten Einbrecher von einer überraschten Polizeistreife überrascht.

Das sichergestellte Diebesgut wurde exakt ins Polizeiprotokoll aufgenommen, so dass es später im Pressebericht hieß: „Die beiden gerissenen Einbrecher fanden eine völlig neue Masche."

„Auch von Beamten, die den ganzen Tag sitzen müssen,
wird Standvermögen erwartet."

Bitte blasen!

Es gibt wohl kaum einen Berufsstand, der so massiv gegen Vorurteile anzukämpfen hat wie die Polizei, mit Ausnahme von Beamten natürlich. So grassiert der abenteuerliche Verdacht, die wenigsten Polizisten wären der deutschen Sprache mächtig. Kann ich nur bestätigen, und wer mir nicht glaubt, soll doch mal bei seinem nächsten Italienurlaub einen Carabinieri nach dem Weg fragen. Dasselbe werden sie erleben, wenn Sie in London einen Bobby um Rat ersuchen.

Natürlich muss der Polizist keine körperlich schwere Arbeit verrichten. Hin und wieder im Revier hin und her spazieren oder einfach nur so an der Ecke rumhängen oder im Auto sitzen und sich vom Geknatter des Polizeifunks berieseln lassen. Deshalb ist dieser Job hervorragend für Frauen geeignet, denn nach Dienstschluss bleibt dem weiblichen Rambo noch genügend Power für die Hausarbeit.

Der Polizeiberuf bietet gerade jungen Leuten, die in der Wirtschaft keine Chance haben, eine echte Perspektive. Für Berufseinsteiger gilt das Motto: Hauptsache, man kommt unter, und sei es nur unter eine Polizeimütze.

Ein Polizeiapparat muss aber auch finanziert werden, und das bei immer weniger Steuerzahlern. Die logische Konsequenz: weniger Geld für mehr Polizisten. Erste Anstrengungen des Innenministeriums, Polizisten als geringfügig Beschäftigte einzustellen, sind kläglich gescheitert. Wer macht schon nichts für so wenig Geld?

Eine neue Finanzquelle hat der Innenminister aus dem Tourismusgeschäft des Spreewaldes abgekupfert. Immer häufiger verstecken sich Beamte als gut getarnte Hobbyfotografen auf unseren Straßen, um flotte Autofahrer sozusagen blitzartig auf Speicherkarte zu bannen. Ich bekomme fast wöchentlich so ein unscharfes Bild mit einer verbindlichen Kaufoption. Der Preis ist davon abhängig, wie schnell man sich dem Fotoapparat genähert hat.

Besonders gut lassen sich unsere Hilfssheriffs das Parken auf Polizeiparkplätzen bezahlen. Über 150 Euro musste ich für vier lumpige Stunden blechen. Gut, man hatte zuvor einen Abschleppdienst beauftragt. Aber ich habe dazugelernt. Beim nächsten Mal parke ich gleich dort. Die Bewachung ist nämlich allererste Sahne. Selbst Diebesgut ist dort vor Gaunern sicher.

Letztens geriet ich in eine nächtliche Polizeikontrolle. Überrascht war ich, dass die Ordnungshüter um meine Gesundheit besorgt waren. Der nette Polizist brauchte mich auch nicht lange zu betteln, und ich blies in so einen komischen Apparat. Ich kannte das vom AOK-Bus. Damit wurde das Lungenvolumen gemessen, und als ehemaliger Kettenraucher brauchte ich mich ja wohl nicht zu verstecken. Freizügig spendierte er mir sogar ein neues Mundstück. Allerdings schienen meine Werte unter aller Sau gewesen zu sein. „Eben hatten wir einen mit 4,2!", wetterte der enttäuschte Grünling. Ich brachte es gerade mal auf magere 1,8 und schämte mich bitterlich für meine schwache Leistung. Mir aber dafür gleich den Führerschein wegzunehmen, fand ich reichlich übertrieben!

Stromklau mit Happyend

Es klingelte. Vor meiner Tür stand ein Yellowengel. Sie wissen schon: „Strom ist gelb".

Im Treppenhaus stand ein Fenster offen. Durch den Luftstrom legte sich ihr Rocksaum über beide Ohren. Was ich da zu sehen bekam, war nicht ganz jugendfrei. Jedenfalls versetzte mir dieser Anblick einen mächtigen Starkstromschlag, obwohl mir die gelben Strömlinge bereits vor einer Woche den Saft aus meiner langen Leitung genommen hatten.

Ich hatte nämlich den Geldstrom abgeschaltet, da ich nicht einsehen wollte, für ein Versprechen zu bezahlen, das sich als völlig haltlos erweisen sollte. Alle Steckdosen und Lichtschalter hatte ich unfachgerecht geöffnet, aber außer ein paar bunten Drähten keinerlei Anzeichen von Strom gefunden, von gelbem ganz zu schweigen. Warum soll ich also für gelben Strom bezahlen, wenn meine Lampen auch so brannten?

„Dürfte ich mal bitte Ihren Stromzähler sehen?", bettelte der Engel in der gelben Werksuniform um Einlass.

„Warum? Haben Sie selbst keinen Zähler?", entgegnete ich und presste mich zwischen Tür und Engel, äh Angel.

„Wir haben den begründeten Verdacht, dass Sie Strom schwarz entnehmen!", blieb sie hartnäckig.

„Dann geht es ja Ihren Verein nichts an, sondern nur die Firma 'Black-Strom'", erwiderte ich.

„Sie entnehmen aber gelben Strom schwarz!", warf sie mir vor.

„Umgedreht geht ja wohl schlecht", verplapperte ich mich.

Ein befreundeter Elektriker hatte mich sozusagen mit Notstrom versorgt. Mit Spannung hatte ich dem Tag meiner Entdeckung entgegengefiebert. Länger gegen den Strom zu schwimmen, war also zwecklos. Ich hatte keine andere Wahl und ließ die hübsche Stromzählerin eintreten. Um sie zu besänftigen, zog ich meine letzte Waffe und betörte sie mit Reizstrom. Obwohl sie ziemlich geladen war, gelang es mir, ihren Widerstand zu brechen.

Es wurde ein langer und leidenschaftlicher Nachmittag, an dem wir all unsere Energien entluden. Wir zogen uns erst aus und dann an wie Plus- und Minuspol.

Unsere Hochzeitsreise verbrachten wir am Golfstrom. Inzwischen haben wir zwei süße kleine Stromer. Und für jedes von ihnen erhöht sich unser Stromkontingent.

Mittlerweile arbeite ich ebenfalls bei Yellow. Als Stromdetektiv bin ich solchen Schwachstromkomikern auf der Spur, die glauben, unentdeckt Kriechstrom abzapfen zu können.

Hoch hinaus

Stephan Koch war ein Hochstapler, wie er im Buch steht – im Strafgesetzbuch. Schon als Kind war sein Blick stets nach oben gerichtet. Kein Baum war ihm zu hoch, um nicht bis in seine Krone klettern zu können. Obwohl er nur die durchschnittliche Intelligenz einer ausgefahrenen Stabantenne besaß, verließ er, wenn im Schulsport Hochsprung angesagt war, stets als Klassenbester die Halle.

Seine hochstaplerischen Ambitionen wurzelten in frühester Kindheit. Chancenlos wurde er ins Prekariat geboren und wuchs in einem Hochhaus auf. Trotz seines ärmlichen Elternhauses bekam er täglich sein Hohes C. Bereits als Kind mochte er keine tiefen Teller und schlief am liebsten im Doppelstockbett oben.

Der Job als Gabelstaplerfahrer in einem Großwarenlager, in dem er Hochregale be- und entladen musste, machte ihm nicht sonderlich Spaß. Permanenter Arbeitskräftemangel und ein kleiner, untersetzter Chef zwangen ihn zu Überstunden. Unter Hochdruck wurde für einen Niedriglohn geschuftet. Das Herumwursteln als Billiglohnsklave war ihm zutiefst verhasst.

Unter Aufbietung seiner gesamten kriminellen Energie verschaffte er sich ein gefälschtes Abiturzeugnis mit Auszeichnung, organisierte sich das Staatsexamen und bastelte sich einen Doktortitel zurecht. Einige Jahre arbeitete er als Psychiater und fertigte hochgeachtete Gerichtsgutachten, bis ihm eines Tages ein kleiner Fehler mit hoher Auswirkung unterlief. Der Schwindel flog auf, und Stephan Koch landete selbst vorm Hohen Gericht.

Die vier Jahre Haft in einem Hochsicherheitstrakt nutzte er für eine Ausbildung zum Zerspanungsmechaniker. Nach seiner Entlassung organisierte er sich alle erforderlichen Unterlagen, Diplome und Titel, gab sich als Nachfahre des berühmten Bakteriologen und Nobelpreisträgers Robert Koch aus und bewarb sich erfolgreich für die Stelle als Chefarzt in einem großen Klinikum.

Jetzt steht er als Anwärter auf eine hohe gesellschaftliche Auszeichnung auf der Warteliste des Bundespräsidenten. Und eines Tages wird er verdienter Träger des Bundesverdienstkreuzes sein. Betrug kann man ihm nun nicht mehr vorwerfen. Auf seiner Visitenkarte steht unmissverständlich: Prof. Dr.* Stephan Koch. Allerdings sind das Sternchen und die dazugehörige Unterzeile nur unterm Elektronenmikroskop lesbar.

Und dort steht dann wahrheitsgemäß: * Professioneller Dreher Stephan Koch.

Gutgemeinter Rat

Sterzinsky war Pendler. Er pendelte ständig zwischen Zell im Wiesental und der Zelle im Strafvollzug, denn wie es sich für einen ordentlichen Kleinkriminellen gehört, kam er aus einer kleinen Gemeinde. Schon als Kleinkind entdeckte er dieses triebgesteuerte Bedürfnis, sich der Dinge anderer anzunehmen. Diese Neigung haftet ansonsten nur Finanzministern an. Doch während sich die Politiker der Legalität bedienen, streift Sterzinsky mit seiner mitnehmenden Art quer durchs Strafgesetzbuch.

Eine Haftstrafe empfindet er nicht als legitimierte Buße, sondern als staatlich geförderte Weiterbildungsmaßnahme. Im Knast lernt man viele interessante Menschen kennen mit einem erstaunlichen Erfahrungspotenzial auf den unterschiedlichsten Fachgebieten der Kriminaltechnik.

Die letzte Zelle teilte sich Sterzinsky mit einem Bankräuber. Fast eine halbe Million Euro hatte dieser bei acht Überfällen erbeutet. Dafür müsste Sterzinsky mindestens zehntausend Handtaschen im Akkord klauen.

Am letzten Tag wurde Sterzinsky zum Gefängnisdirektor gerufen.

„Sie wissen, dass ich Sie morgen laufen lassen muss?", empfing ihn der Direktor mit einer Suggestivfrage.

„Wenn ich schon nicht viel weiß, Herr Direktor, aber diesen Termin habe ich nicht vergessen."

„Setzen Sie sich!", forderte der Strafvollzugsbeamte Sterzinsky auf. „Eine Zigarre?"

„Sehr aufmerksam, Herr Direktor", antworte Sterzinsky geschmeichelt.

Genussvoll blies der Direktor den Tabakqualm in den Raum, ehe er sagte: „Ich lasse Sie nur ungern gehen".

„Ich weiß Ihre Verbundenheit zu schätzen", erwiderte der Knastbruder und fügte schmunzelnd hinzu: „Aber jede schöne Zeit hat ihr Ende."

„Lachen Sie nur, Sterzinsky!", grollte der Direktor. „Wir werden uns schneller wiedersehen, als Ihnen lieb ist."

„Niemand kann in die Zukunft sehen", entgegnete der Gauner kaltschnäuzig.

„Wohin werden Sie gehen, wenn Sie morgen draußen sind?"

„Ich habe noch keinen Plan."

„Aber Sie haben doch Verwandte."

„Da wissen Sie mehr als ich, Herr Direktor."

Der Beamte öffnete eine Schublade und kramte zwischen Papieren, bis er endlich ein Blatt herauszog. „Hier", sagte er, „melden Sie sich bei dieser Adresse! Man wird Ihnen dort weiterhelfen."

Sterzinsky hob abwehrend die Hände. „Sehr liebenswürdig, Herr Direktor. Aber ich werde Ihr Angebot nicht benötigen."

„Was soll das heißen?"

„Ich komme ganz gut allein zurecht."

„Sie werden Geld brauchen."

„Ich weiß sogar, woher ich es bekomme."

„Was haben Sie vor?", fragte der Direktor jetzt mit strenger Amtsmiene.

Sterzinsky antwortete, als wäre es das Normalste von der Welt: „Ich werde eine Bank überfallen, Herr Direktor."

„Lassen Sie sich bloß nicht erwischen!"

„Dieses mal passe ich besser auf", versicherte Sterzinsky. „Aber trotzdem, vielen Dank für den gutgemeinten Tipp."

So stellte ich mir in jungen Jahren einen Banküberfall vor.

Demgegenüber ist die heutige Jugend deutlich kreativer!

Dümmer als die Polizei erlaubt

Es gibt zwei Typen von Kleinkriminellen: Die Dummen lassen sich erwischen und wandern in den Knast – die anderen gehen in die Politik.

Die beachtlichen Erfolge in der Verbrechensaufklärung stützen sich kaum auf den gehobeneren Bildungsstand von Ermittlern. Schuld ist das miserable Wissen von Gaunern, das auf dem Entwicklungsstand der somalischen Trinkwasserversorgung herumdümpelt. Staatsanwälte haben mit solchen Flachdenkern leichtes Spiel.

„Sie können jetzt den Beschuldigten hereinführen!", befahl Dr. Kröckel, leitender Staatsanwalt im Fall Sparkassenüberfall, dem am Türrahmen vor sich hindösenden Beamten.

Ein kleiner, untersetzter Mittvierziger mit Stupsnase und Halbglatze wurde von zwei Justizwachtmeistern in das Verhörzimmer geführt.

„Sie haben ja schon einiges auf dem Kerbholz", stellte Dr. Kröckel mit einem flüchtigen Blick in die Akten fest.

„Ich bin angelernter Tischler", erwiderte der Gauner mit der Gelassenheit einer holländischen Tomate im Reifeprozess.

„Was heißt angelernt?"

„Lehre abgebrochen."

„Wann?"

„Nach dem ersten Tag. Zu viel Stress für das bisschen Kohle. Haste ja mehr von, wenn du 'ner Oma die Handtasche klaust."

„Hier geht's aber um Banküberfall", entgegnete der Staatsanwalt. „Wollen Sie ein Geständnis ablegen?"

„Ich habe nichts mit der Sache zu tun", wehrte der Beschuldigte mit erhobenen Händen ab.

„Die Beweislast ist erdrückend. Sie sind dringend tatverdächtig!"

„Sie können mich unmöglich gesehen haben. Als die Bullen kamen, waren wir schon über alle Berge."

„Die Videokameras haben Sie eindeutig identifiziert. Wieso trugen Sie eigentlich keine Maske?"

„Ich mag diese kratzenden Dinger nicht."

„Und Ihr Komplize?"

„Fährt voll drauf ab."

„Sein Name?"

„Von mir erfahren Sie nichts."

„Dann werden Sie sich für die Tat allein verantworten müssen", drohte der Jurist. „Die ganze Härte des Gesetzes wird Sie treffen!"

„Ich verrate ihn trotzdem nicht!"

„Nun kommen Sie! Sein Sie kooperativ! Ich würde auch Strafmilderung beantragen. Das Gericht zeigt sich in solchen Fällen erkenntlich. Anstatt acht Jahre, bekommen Sie nur fünf, und bei guter Führung können Sie in drei Jahren Ihr nächstes Ding drehen."

„Herr Staatsanwalt", erwiderte der Bankräuber, „geben Sie sich keine Mühe! Ich verpfeife doch nicht meinen eigenen Schwager."

„Danke", rief Dr. Kröckel gut gelaunt. „Nun müssen Sie mir nur noch sagen, wo die Beute versteckt wurde!"

„Was'n für 'ne Beute?"

„Das Geld aus dem Sparkassenüberfall!"

„Keine Ahnung."

„Denken Sie an die mildernden Umstände!"

„Ich kann's Ihnen nicht sagen", erklärte der Gauner, „Ihre Leute ackern doch glatt meinen ganzen Garten um."

„Ausgezeichnet! Das war's", lachte der Staatsanwalt und ließ den Bankräuber abführen.

Als das Verhör am nächsten Tag fortgesetzt wurde, schrie der Staatsanwalt wütend: „Wir haben Ihren ganzen Garten umgegraben, aber nicht einen einzigen Cent gefunden."

„Prima", freute sich der Gauner. „Dann können Sie ja jetzt den Rasen aussäen."

Ich bin da mal kurz weg von Windows

Nicht immer sind es diese traurigen Gestalten der Zeugen Jehovas, wenn es an der Haustür klingelt. Manchmal ist es der Mindestlohnempfänger eines deutschen Paketdienstes, der Nachbars Päckchen loswerden will. Auch die alleinstehende Nachbarin selbst kann es sein. Steht da in ihrem netten Negligé und stöhnt, dass ihr Wasserhahn tropft wie einem selbst der …

Zunehmend machen Mitarbeiter von Nachrichtendiensten ihre unangekündigte Aufwartung. Und das sind keine Rentner mit Prostatabeschwerden oder Schlafstörung, die sich als Zeitungsjungen das Ruhegeld aufbessern. Geheimdienste durchforsten intensiv das Internet nach übel riechenden Mitteilungen. Über 37 Millionen E-Mails werden Jahr für Jahr heimlich abgefangen und unter heißem Dampf geöffnet. Hinter jeder Spam vermuten die digitalen Fahnder das organisierte Erbrechen, und so schnüffeln sie an jeder Botschaft wie der räudige Köter am Lattenzaun.

Dank raffinierter Filter, in denen Mails mit verdächtigen Stichwörtern hängen bleiben wie Kletten an Baumwollsocken, fischen emsige Onlinerüssel alles aus der Datenflut, was einigermaßen nach Schwarzpulver riecht. Dem Normalbürger sei zur Vorsicht geraten, er solle mit jedem Wort sorgfältig und nicht einfältig umgehen.

Wer seinen Schuldner auffordert, endlich seine Miesen zu begleichen, ansonsten gibt es ordentlich „Terror", wird für Geheimdienste zum verdächtigen Subjekt. Man sollte auch tunlichst die Behauptung vermeiden, eine Sache wäre absolut „bombensicher". Selbst orthographische Fehler können zum Verhängnis werden, wenn man einem Vertragspartner mitteilt, eine „Gewehr" könne nicht übernommen werden. Absolute Vorsicht ist also bei der Formulierung von Kurzmitteilungen geboten, damit aus Wörtern kein Sprengsatz wird.

Eines Morgens lümmelten zwei fremde Männer, mit kantiger Nase und Dreitagebart, auf meinem Abtreter. Sie trugen lange Lodenmäntel wie die schwarz-weißen Agenten aus alten DEFA-Filmen. Ihre schlappen Hüte hatten sie tief ins Gesicht gezogen. Stahlblaue Augen musterten mich mit messerscharfen Blicken.

„Hallo Jungs!", rief ich entzückt. „Schickt euch Mielke?"

Betroffen räusperten sie sich, ehe der eine zur Frage ansetzte: „Sind Sie Walther.PKK@arcor.de?"

„Müller_Klaus, Schmidt_Rüdiger oder Kurz_Achim waren schon besetzt", zuckte ich die Achseln.

„Ziehen Sie sich was an!"

Ich stand vor ihnen in einem legeren T-Shirt und Dreiecksbadehose. Das ist sehr praktisch, wenn man es auf Toilette eilig hat.

„Ich laufe nicht immer so rum", erklärte ich den misstrauischen Burschen. „Aber zur Zeit bin ich total verwanzt."

„Das wissen wir", entgegnete der eine mürrisch. „Und nun beeilen Sie sich!"

„Mein Körper braucht viel frische Luft", begründete ich mein nudistisches Outfit und wollte wissen, mit wem ich es überhaupt zu tun hätte.

„Bundesnachrichtendienst."

„Nachrichtendienst? Ach so, Sie kommen von der Tagesschau."

„Wir sind vom Geheimdienst."

„Dann möchte ich Ihre Geheimdienstausweise sehen!"

Sie zückten bereitwillig ihre Plastikkarten, wie der Abo-Kunde im öffentlichen Nahverkehr seinen Monatsschein dem Busfahrer unter die Nase hält.

„Sie können mich nicht einfach so mitnehmen", protestierte ich.

„Wir können."

„Ich werde mich beschweren", drohte ich, „bei Ihrem obersten Boss. Wie heißt der?"

„Gerhard Schindler."

„Aha, da stehe ich wohl auf Schindlers Liste?"

„Beeilen Sie sich!"

Mit einer großen schwarzen Limousine wurde ich weggebracht und fand mich in einem nüchternen Verhörraum wieder. Nie hätte ich gedacht, dass der E-Mail-Verkehr hartnäckiger überwacht wird als der Drogenhandel am Hauptbahnhof. Mit Argusaugen überwachen Spitzel unsere Datenautobahnen. Hinter jeder USB-Schnittstelle lauert ein Agent. Heerscharen von Spionen hocken vor elektronischen Briefkästen, und wer ins Visier der Ermittler gerät, hat quasi die Maus im Pad.

„Zeigen Sie sich kooperativ!"

„Das wird sich strafmildernd auswirken", sagte ein neu hinzugekommener Ermittler. „Wir gehen davon aus, dass Sie Mitglied einer Terrorzelle sind."

„Ich bin", antwortete ich mit einem Lächeln, „mit Glied, aber in keiner Zelle."

„Dort landen Sie schneller, als Sie glauben."

„Wie meinen Sie das?"

„Sie haben am 11. September letzten Jahres eine Mail an eine gewisse pandora94@gmx.net geschickt, und in der stand: 'Wie viele Anschläge schaffst du?'"

„Streite ich gar nicht ab."

„Was haben Sie vor? Wem gelten diese Anschläge?"

„Einer Computertastatur. Pandora94 ist meine Tochter. Und sie befindet sich in Ausbildung zur Sekretärin."

„Wir prüfen das! Zur nächsten Mail: Am 7. Oktober schickten Sie folgenden Wortlaut an eine gewisse house666@web.de: 'Wann kommt die neue Lieferung scharfer Granaten?'"

„Aber diese Adresse müsste Ihnen doch bekannt sein", entgegnete ich augenzwinkernd. Im Lokalteil hatte ich kürzlich gelesen, dass jeder zweite Mann diese delikate Adresse bereits aufgesucht haben soll. Meine Chance stand fifty-fifty. „Das bekannteste Haus in der Stadt", sagte ich mit hochgezogenen Brauen und setzte noch einen drauf: „Ich habe Sie selbst schon dort gesehen."

„Nicht jeder Vogel, der auf einer Satellitenschüssel sitzt,
ist gleich ein Fernsehstar."

Der Serienkiller

Pölzig war ein unauffälliger Finanzbeamter, der still und leise
seiner kraftraubenden Pflicht nachhing. Niemand sah ihm
seine kriminelle Energie an, obwohl bereits die Beschäfti-
gung in einer Finanzbehörde diese Fähigkeit voraussetzt.

Pölzigs perverse Abartigkeit hatte seine Wurzeln in frühester Kindheit. Seine Eltern nötigten ihn zu Sendungen wie
Flipper, Lassie und Pippi-Langstrumpf. Daraus entwickelte
sich eine krankhafte Abneigung gegen das Fernsehen im All-
gemeinen sowie Serien im Besonderen.

Bis hierher hätte es aus juristischer Sicht keinerlei Bedenken gegeben, wäre da nicht Pölzigs Antrag auf einen Waf-
fenschein. Die Mitgliedschaft im Schützenverein diente dabei
nur als Alibi. Da seine Akte keinerlei Vorstrafen aufwies,
wurde seinem Antrag stattgegeben, und er durfte fortan im
Schützenverein rumballern, was das Zeug hielt.

Pölzigs Sinn war nur darauf ausgerichtet, dem täglich
über die Bildschirme flimmernden Serienwahn den Garaus
zu machen. Allerdings verwechselte er Ursache mit Wirkung. Mit etwas logischem Kombinationsdenken, in seinem
Beruf leider nicht erforderlich, hätte er schon mit wenigen
Tonnen Plastiksprengstoff die einfältigen TV-Sender und
Filmstudios gründlich ausradieren können.

Stattdessen schlich er mit einer 9mm-Walther über die
menschenleeren Straßen, sobald die Bestrahlung der Vor-
abendprogramme auf die willenlosen Schädelweichteile ein-
gesetzt hatte. Pölzig pirschte sich an Wohnzimmerfenster
und pustete das Lebenslicht unschuldiger Bildröhren aus.
Seine Trefferquote war dabei erstaunlich hoch.

Bei widerstandsfähigen Geräten, an denen seine Kugeln
abprallten, half nur die durchtrainierte Handarbeit des
erfolgreichen Jägers. Mit einer geübten Fechterflanke
schwang er sich über die Balkonbrüstung, stürmte, nachdem

er sich eine kratzende Wollmaske übers Gesicht gezogen hatte, ins feindliche Wohnzimmer und stieß mit einem befreienden Aufschrei die dreißig Zentimeter lange Klinge seines Hirschfängers mitten in die Flimmerkiste. Ehe sich die verdutzten Bewohner vom Schock erholt hatten, war das Phantom verschwunden.

So betitelte ihn die Boulevardpresse und heizte den erfolglosen Kriminalbeamten ein, sich gefälligst ein Beispiel zu nehmen an der Aufklärungsquote von TV-Krimis. Monate vergingen, ohne dass die akribische Arbeit der Kriminalisten vorweisbare Erfolge gezeigt hätte. Der Täter, der von acht bis siebzehn Uhr Steuererklärungen, Einsprüche und Beschwerden bearbeitete, blieb unerkannt. Wer hätte schon hinter einem braven Beamten wie Pölzig das mordende und lusttötende Monster elektronischer Unterhaltungsgeräte vermutet.

Wie so oft in der Kriminalgeschichte bedurfte es des Kommissars Zufall. Getreu dem Gesetz, dass jeder Verbrecher einen verhängnisvollen Fehler begeht, erwischte es auch Pölzig. Er war wie jeden Abend unterwegs, hatte bereits sechs, sieben Geräte zur Strecke gebracht, als er ans gekippte Fenster einer Terrassenwohnung trat. Pölzig schob den Lauf seines Revolvers durch den Fensterspalt, legte an, zielte und ... drückte nicht ab.

Über die Mattscheibe flimmerte eine ihm unbekannte Serie, und er wollte sich vor dem finalen Schuss selbst ein Urteil über den ausgestrahlten Schwachsinn bilden. Nach zwei Minuten zermürbender Dialoge verengten sich seine Pupillen. Nach fünf Minuten war sein Finger am Abzug steif. Acht Minuten Serie brachten seine Knie zum Schlottern. Bereits in der elften Minute setzte die Parkinsonsche Krankheit ein. Pölzigs Kanone zappelte zwischen dem Fensterspalt wie ein Hering am Ostseestrand von Heringsdorf. Die aufgeschreckten Bewohner alarmierten in der Werbepause die Polizei. Als Pölzig im Funkstreifenwagen saß, bedankte sich der ermittelnde Kommissar bei den Anrufern und durfte sich in Ruhe das Ende seiner Lieblingsserie „Gute Zeiten, schlechte Zeiten" anschauen.

Der Nächste bitte!

Kennen Sie auch dieses am Selbstbewusstsein nagende Gefühl, nicht beachtet zu werden? Völlig fatal und mit unabsehbaren Folgen für einen so eitlen Menschen wie mich, der zeitlebens daran gewöhnt war, im Mittelpunkt zu stehen. Plötzlich gehen Leute grußlos an einem vorüber, die man früher schon nicht gekannt haben wollte.

Das Unheil nahm an dem Tag seinen Lauf, als mir dieser unverschämte Mercedes von der Seite reingebrettert war. Die Leser meines Buches „Das Auto im Manne" kennen diese Story. Der steigt unbeeindruckt aus seinem Panzer, betrachtet mit einem geringschätzigen Lächeln meinen zerknüllten Kleinwagen und sagt: „Ich habe Sie leider nicht gesehen!"

Am nächsten Tag im Supermarkt an der Kasse drängelt sich eine Frau vor mir in die Schlange. Mit spöttischer Stimme bemerke ich: „Gehen Sie ruhig vor! Ich stehe hier nur so zum Spaß."

„Oh, Entschuldigung!", flötet sie errötend. „Ich habe Sie leider nicht gesehen."

Warum übersehen mich plötzlich alle? Bin ich etwa unsichtbar oder einfach nur durchschaut? Selbst die längst überfällige Gehaltserhöhung ging spurlos an mir vorüber.

Ich schleppe die zentnerschweren Einkaufstaschen die Treppe hoch, da lässt doch der freche Bengel aus der Sechsten die Haustür vor meiner Nase zufallen. Als ich endlich auch diese Hürde überwunden habe, schließt sich gerade die Aufzugstür und ich sehe, wie der Lümmel mit einem fetten Grinsen mit den Schultern zuckt, als wolle er sagen: „Ich habe Sie leider nicht gesehen."

Ich beschließe, dem Problem wissenschaftlich zu begegnen, und suche meinen Psychiater Prof. Dr. Unglaube auf. Unbeachtet lungere ich drei Stunden im Wartezimmer herum, ohne dass sich einer um mich kümmert. Ich koche vor

Wut. „Werde ich denn überhaupt nicht mehr für voll genommen?", schreie ich die zierliche Sprechstundenhilfe an. Die ihrerseits murmelt nur ein dünnes „Der Nächste bitte!" – Später stellt sich heraus, dass meine Krankenakte hinter den Schreibtisch des zerstreuten Professors gerutscht war.

Da ich für meine Umwelt offensichtlich unsichtbar geworden bin, beschließe ich, daraus wenigstens Kapital zu schlagen. Mit vorgehaltenem Revolver, Requisit meines letzten Faschingskostüms, stürme ich die Sparkasse und sage zu der Schalterangestellten beruhigend: „Keine Angst, ist nur ein Überfall!" Unbeeindruckt bedient sie die Kundschaft weiter und würdigt mich keines Blickes. Weder bei den Bankangestellten noch bei den zahlreichen Kunden zeigen sich die leisesten Anzeichen einer aufziehenden Panik.

Resigniert streife ich mir die Wollmaske vom Kopf und gehe zum Ausgang, als mich plötzlich zwei Sicherheitsleute überwältigen. Am nächsten Tag werde ich dem Haftrichter vorgeführt. Er lässt mir die Handschellen abnehmen und sagt kopfschüttelnd: „Nicht Sie schon wieder!"

Ich murmele ein schwaches: „Doch, leider."

„Verschwinden Sie! Ich will Sie hier nicht gesehen haben!"

53

„Humor macht fröhlich. Fröhlichkeit macht gesund.
Gesundheit braucht keine Medizin. Keine Medizin macht krank,
Krankheit braucht Humor …"

Neue Krankheit – da klappt's auch wieder mit dem Doktor

„Wenn du mit vierzig aufwachst und keine Schmerzen hast, bist du tot", hatte vor Jahren mein Verleger mit schmerzverzerrtem Gesicht geflüstert.

„Ja", hatte ich ihm schmunzelnd geantwortet, „und dann guckst du schön blöd aus der Wäsche."

Damals war ich in einem Alter, das das persönliche Erreichen dieser magischen Hemmschwelle nicht vermuten ließ. Mein Verleger jedenfalls litt an barbarischen Schmerzen, wenn man ihm auch nichts ansah. Der Kern seines Wesens wand sich wie ein Wurm am Haken. Wenn man, wie er behauptete, mit vierzig bereits Höllenqualen auszustehen hat, musste er sich doch mit seinen fünfundfünfzig wie ein abgelehnter Pflegefall fühlen.

Mir waren Schmerzen bis dato völlig fremd. Keine ernsthafte Verletzung, keine lebensbedrohliche Erkrankung und ein chronisches Leiden schon gar nicht. Hin und wieder mal ein Husten, nicht der Rede wert. Mein Body strotzte auch ohne Anabolika. Ich lief wie ein aufgepumpter Reifen durch die Gegend, konnte kaum die Arme anlegen. Ich fühlte mich wie eine Zapfpistole – normal und super.

Die Lage hat sich grundlegend geändert. Sie ist ernst, aber hoffnungslos. Schon am Morgen meines vierzigsten Geburtstages wachte ich – nein, schreckte ich mit eingeklemmtem Ischiasnerv hoch. Wochen und Monate später gesellten sich noch so lustige Beschwerden wie Genitalwarzen, Schuppenflechte, Nagelpilz, Hämorrhoiden, Zahnwurzelentzündungen mit biologischer Verabschiedung und ein beginnender Tinnitus hinzu. Nur um die wichtigsten zu nennen. Ansonsten habe ich noch eine ganze Reihe von Krankheiten, für die haben die Ärzte noch gar keinen Namen.

Aber daraus mache ich mir nichts. Allerdings versucht seit Tagen ein eitriges Ekzem, mich zu ärgern. Das juckt mich schon.

Die beste Krankheit taugt eben nichts, wenn man nicht gesund ist. Inzwischen habe ich mehr Visitenkarten von Ärzten als von schönen Frauen. Der Chip auf meiner AOK-Karte ist fast vollständig weggerubbelt. Meiner Krankenkasse bin ich deshalb ein Dorn im Auge. Apropos Auge, seit meiner letzten Routinekontrolle will mich auch meine Augenärztin jetzt zweimal im Jahr sehen. Irgendwelche Veränderungen mit der Iris. Dabei kenne ich gar keine solche Dame.

Und Wasser soll ich auch in den Beinen haben. Na ja, solange man beim Laufen nichts verschwappert. Dass mir in letzter Zeit immer wieder die Füße einschlafen, macht mir echt zu schaffen, denn der Rest leidet an Schlafstörung. Aber so muss ich wenigstens keine Angst vorm Aufwachen und neuen Beschwerden haben. Ein junger Mensch macht sich davon noch gar kein Krankheitsbild.

Die Rektoskopie fand ich schon irgendwie unangenehm, obwohl der Internist laufend rief: „Entspannen Sie sich!" Aber bleiben Sie mal locker, wenn Ihnen einer von hinten in den Magen glotzt! Ich weiß gar nicht wie viel Meter der mir reinstopfte, denn irgendwie spürte ich plötzlich ein Kratzen im Hals.

Als man bei mir Diabetes mellitus diagnostizierte, dachte ich, jetzt geht die süße Seite des Lebens los. Denn lieber Zucker im Blut, als Steine in den Nieren. Zum Glück habe ich mit den Nieren keine Probleme – noch keine. Dafür kolikt regelmäßig meine Galle durch den Bauchraum. Das ist wie Boxen gegen die Bauchdecke, nur von innen.

Viele Erkrankungen haben einen unschätzbaren Vorteil, man ist ständig unter ärztlicher Beobachtung. Mir hat es leider noch nichts gebracht, außer neuen Symptomen. Dafür bin ich empfänglich, natürlich auch für meine Frühverrentung. Der Antrag läuft bereits, wie übrigens meine Nase, denn chronischen Schnupfen habe ich auch. Aber Schluss jetzt! Ich kann leiden auch ohne zu Klagen.

Ich bin nüchtern, aber in Behandlung

Wir saßen im Kreis, zwölf von der Gesellschaft ausgestoßene und jämmerliche Gestalten. Darunter auch fünf Frauen. Rita stand als Erste auf.

Unser Therapeut hatte verlangt: „Wer spricht, der steht!" Die Behandlung in unserer Selbsthilfegruppe glich einem polizeilichen Verhör. Dort galt allerdings das Motto: „Wer singt, der sitzt!"

„Mein Mann", begann Rita zaghaft, wurde aber zunehmend sicherer, „ist ein vollständiges Mitglied unserer Gesellschaft, ein Säufer, wie er nicht einmal im Gesangsbuch steht."

„Und wie sieht es mit dir aus, Rita?", fragte der Therapeut einfühlsam.

„Keinen einzigen Tropfen! Ich habe es oft genug versucht. Immer und immer wieder, aber schon beim Anblick einer Schnapsflasche wird mir schlecht", klagte Rita verzweifelt.

„Hat dich denn die heitere und ausgelassene Fröhlichkeit deines Mannes nicht angesteckt?"

„Doch, schon. Aber mein Magen verweigerte sich konsequent."

„Wie reagiert er auf dein abnormales Verhalten?"

„Er ist so unendlich geduldig mit mir, auch wenn er letztendlich meine Portionen mittrinken muss."

„Und dich plagt kein schlechtes Gewissen, Rita?"

„Doch, natürlich … ich bin … bin so gemein …",
schluchzte Rita und ließ sich kraftlos auf ihren Stuhl fallen.

Der Therapeut füllte eine Schnabeltasse mit Korn, bei schweren Bestrafungen gab es Doppelkorn, und zwang Rita zum Trinken auf Ex. Sie nahm einen Schluck, sprang plötzlich auf und sprintete zur Tür. Der Brechreiz war schneller!

Dann war die Reihe an mir. „Uwe, du gehörst bereits zu den Fortgeschrittenen. Schildere uns deine Erfahrungen!"

Ich fühlte mich geschmeichelt. Aber Recht hatte er. Meine Leber vertrug dank der intensiven Therapie bereits ein Bier täglich. Selbstverständlich im Vergleich zu meinen Kegelbrüdern beschämend. Wir hatten drei staatlich ausgezeichnete Alkoholiker, fünf Quartals- und vier Spiegeltrinker. Mit einem Bier war ich auf dem richtigen Weg, aber noch lange nicht gesellschaftsfähig.

„Die Gruppe hat mir über die erste, schwere Zeit hinweggeholfen. Ich fühlte mich damals sehr einsam."

„Schildere uns deine persönlichen Ziele!"

„Es ist noch ein weiter Weg bis dahin. Fünf Bier und eine halbe Flasche Korn will ich täglich schaffen – mindestens, vielleicht auch …"

Ich wurde plötzlich unsanft angerempelt!

„Uwe! Uuuweee!!! – Du sprichst schon wieder im Schlaf!", rief meine Frau.

Ein Presslufthammer dröhnte in meinem Kopf. Als ich die Augen aufschlug, sah ich Doppelbilder. Ab morgen rühre ich keinen Tropfen mehr an!

Das Phänomen

Dinge, die sich das menschliche Gehirn rational nicht erklären kann, bezeichnet die Wissenschaft als Phänomen. Mein Kollege Harry ist so ein rätselhaftes Phänomen.

Dabei äußert sich das Unbegreifliche in seiner ungesunden Lebensweise. Während ich als Vierzigjähriger auf eine streng ausgewogene Ernährung achte, mich ausgiebig an der frischen Luft bewege, mäßig, aber regelmäßig Sport treibe und mir mindestens acht Stunden Schlaf gönne, den in der Firma noch gar nicht mitgerechnet, ignoriert Harry als Fünfzigjähriger all diese goldenen Regeln der Anthropologen. Und das Verblüffende – während ich aller Nase lang kränkle, ist er fit wie ein schweißdurchtränkter Turnschuh.

Harry gehört zu jenen Typen, die auch bei polaren Frostgraden mit offenem Hemdknopf herumlaufen, damit alle das Blinkern seines Goldkettchens sehen können. Zudem ist er Kettenraucher. Oft raucht er zwischen zwei Zigaretten noch eine. Harry meint, das würde ihn am besten vor Erkältung schützen.

Wenn ich mir zum Mittagessen ein kleines Bier genehmige, bestellt sich Harry zwei große. Cholesterinwerte interessieren ihn so viel wie einen Müllkutscher die neueste Verdi-Inszenierung. Jeden Morgen isst er zwei weichgekochte Eier – Handelsklasse A. Als Leibgerichte bevorzugt er Eisbein, Wellfleisch und Speckbohnen.

Wenn ich vom Urlaubsbuffet ein paar grüne Salatblätter und etwas Müsli hole, schleppt Harry die Kalorienbomben tellerweise an, einschließlich dazugehöriger Sahnedesserts. Sport findet er ekelhaft, mag ihn wie ein Erstklässler Blutwurst oder Sülze. Trotzdem erreichte er die Watzmannhütte eine halbe Stunde vor mir. Er scheint durchtrainiert und kerngesund wie ein Zwanzigjähriger. Und während es mir unentwegt im Rücken sticht und in den Gelenken piekt, klagt Harry über keinerlei Beschwerden.

Als wir letztens zum jährlichen Gesundheitscheck waren, riet mir der besorgte Arzt zu mehr Enthaltsamkeit. Harry klopfte er freundschaftlich auf die Schulter und garantierte ihm, die magische Hundert locker zu erreichen.

Wo bleibt da die Gerechtigkeit?

Doch dann kam endlich die von mir prophezeite Katastrophe. Harry brach kurz vor Feierabend, von einem jähen Schmerz getroffen, über seinen Akten zusammen. Herzinfarkt, Schlaganfall, schwere Nieren- oder Leberkolik diagnostizierte ich als ahnungsloser Ersthelfer, der völlig konfus durch die langen Flure stürzte, bis es jemandem gelang, den Rettungsdienst zu verständigen.

Am Sonntag besuchte ich ihn in der Klinik, und ich hatte mich aufs Schlimmste gefasst gemacht. Doch als ich in sein Krankenzimmer trat, saß Harry vergnügt in seinem Bett, in der linken Hand eine Zigarette und in der rechten eine Flasche Bier.

„Der Patient kichert – zum Glück privat versichert!", lachte er schallend und nahm einen kräftigen Schluck.

Da alle verfügbaren Chirurgen wegen komplizierterer Eingriffe in OP-Einsätzen waren, hatte ihn der Pförtner am vereiterten Blinddarm operiert.

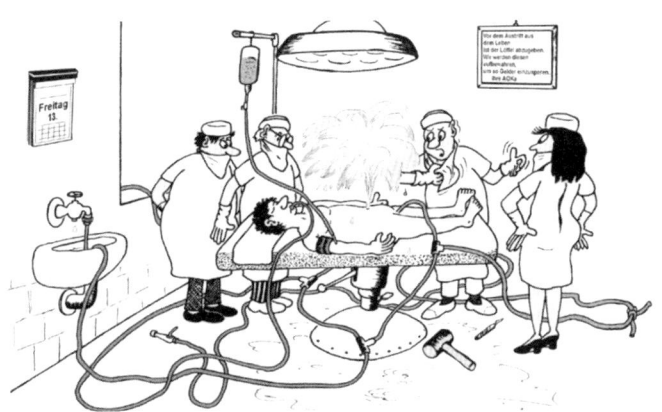

„Humor ist die einzigste Medizin, der noch nicht die Zuzahlungs-
pflicht des Gesundheitsministers aufgedrückt wurde."

Grippe tanzt Laola

Dank unseren umfassend informierenden Medien weiß ich, in
welch permanenter Gefahr ich mich befinde. Gerade im
ereignisschwachen Januar kommt die Grippewelle nicht nur
wie gerufen, sondern auf allen Viren daher: Ansteckungsgefahr,
Erkrankungsgefahr, Seuchengefahr, Todesgefahr!

Epidemien in England, Panik in Italien und Hysterie in
Deutschland. Die Fachwelt rechnet mit Tausenden Grippe-
toten. Die Erdmöbelindustrie fährt bereits Sonderschichten.
Endzeitstimmung macht sich breit.

Auch ich bin befallen, zwar nicht von diesen kleinen Vie-
chern, aber zumindest von der kursierenden Hysterie. Ich
habe Angst, und mir ist trotz der dunklen Jahreszeit sonnen-
klar, dass ich gegensteuern muss. Im nächsten Supermarkt
kaufe ich zehn Kilo Grapefruit, fünfzehn Kilo Orangen, 35
Kiwis und einen halben Zentner einheimische Äpfel. Aus der
Drogerie besorge ich mir Vitaminpräparate und lebenswichtige Mineralstoffe.

Gut gerüstet kann ich den heimtückischen Grippeviren
die Stirn bieten. Zudem schließe ich mich zu Hause ein und
verschanze mich mit einer Wärmflasche unter meiner Dau-
nendecke.

Kurz nach Mitternacht schrecke ich aus dem Schlaf. Ich
spüre ein leichtes Kratzen im Hals, das aber noch ziemlich
schwach auf der Brust ist. In der Nase kribbelt es verdäch-
tig. Die Furcht, doch angesteckt worden zu sein, hält mich
für den Rest der Nacht wach.

Am Morgen schleppe ich mich wie ein ausgezehrter
Grubenarbeiter nach der Nachtschicht ins Bad und erkenne
kaum den Mann im Spiegel. So hatte ich mir immer die Pest-
kranken aus dem Mittelalter vorgestellt. Mir ist so furchtbar
übel. Immer wieder knicke ich ein unter der Last meiner

eigenen Erbärmlichkeit. Unsägliche Glieder- und Kopf-schmerzen quälen mich. Ich schleiche durch die Wohnung wie ein Schatten meiner selbst. Nicht den geringsten Appetit verspüre ich. Brechreize kräuseln an der wundgescheuerten Speiseröhre empor. Ich bin todkrank. Vielleicht sollte ich mein Testament machen.

Zwei kleine Tränen rinnen über meine blassen Wangen. Da steht man in der Blüte seiner Jahre, hat kaum die vierzig erreicht und muss schon das Zeitliche segnen. Das Leben kann doch grausam sein.

Fast eine Stunde benötige ich zum Anziehen. Immer wie-der muss ich mich hinsetzen und ausruhen. Ich stecke meine Chipkarte ein und schleppe mich mühsam zu meiner Haus-ärztin. Das Wartezimmer ist vollgestopft mit diesen licht-grauen Gestalten, Opfer einer nie gekannten Epidemie, die schon in Kürze ein halbes Volk ausgelöscht haben wird.

Frau Dr. Hupffeld horcht und klopft mich ab. Fast hätte ich in meinem geisteswirren Zustand „Herein!" gerufen.

„Ein kleiner Infekt", lächelt sie, „nichts Ernstes."

Sie verschreibt mir ein paar Medikamente und mich für den Rest der Woche krank.

Bei dem Gedanken, ein paar freie Tage genießen zu kön-nen, wird mir schon viel wohler. Mittags kann ich schon wie-der feste Nahrung zu mir nehmen und abends sogar in mei-ner Stammkneipe ein paar Bierchen zischen.

Eine Grippewelle hat vielleicht auch ihr Gutes.

*„Der ungesunde Mensch quält seinen Körper so lange,
bis dieser ihn quält."*

Können Totgesagte überleben?

Die Auswertung meiner jährlichen Routineuntersuchung hatte mich um meinen eigenen Haufen gehauen. Die Cholesterinwerte lagen fern von Gut und Böse. Mein Puls raste wie ein ICE. Die Kurve meines EKGs glich dem Börsenbarometer nach der letzten Finanzkrise. Meine Überlebenschance tendierte gegen Null.

Ich kaufte ein Computerprogramm, mit dem man seine wahrscheinliche Lebenserwartung herausfinden kann. „Mit einer Genauigkeit von plus minus sechs Monaten", überzeugte mich der Verkäufer.

Schnell hatte ich das Programm installiert und folgte der benutzergeführten Bedienaufforderung. Die erste Frage galt dem Geschlecht. Dann wollte es mein Geburtsdatum wissen und lieferte die erste schockierende Aussage: „Ihre statistische Lebenserwartung beträgt 81,3 Jahre."

Doch nun wurde es ernst und persönlich. Das Programm wollte Aussagen zu meinen Lebensgewohnheiten haben und bestrafte jede Eingabe mit Abzug wertvoller Lebenszeit.

„Sind Sie verheiratet?"

„Ja."

„Abzug drei Jahre und sechs Monate. Haben Sie Kinder?"

„Eine Tochter."

„Abzug zwei Jahre. Rauchen Sie und wenn ja wie viel?"

„25 Zigaretten", gab ich zögerlich ein, da ich nicht selten über dreißig komme.

„Sie verlieren drei Jahre und vier Monate. Geben Sie bitte Ihren wöchentlichen Alkoholkonsum an!"

„Zwei Kästen Bier, eine Flasche Braunen, gelegentlich Wein."

„Damit vergeuden Sie fünf Jahre und zwei Monate. Sind Sie sportlich aktiv?"

„Nein."

„Der Abzug beträgt vier Jahre."

Es folgten zahlreiche Fragen zu meinen Essgewohnheiten hinsichtlich des Fleischkonsums und der Aufnahme von Ballaststoffen, Vitaminen und lebenswichtigen Mineralien. Es sah nicht gut aus. Das Programm zog mordlüstern Lebensjahr um Lebensjahr ab. Es wollte sogar wissen, ob ich hin und wieder mit den Schwiegereltern in Urlaub fahren würde, und bestrafte mich mit einem satten Jahr.

Im letzten Kapitel ging es ums Berufliche. Die Frage, ob ich körperlich oder geistig arbeite, war schwierig. Wenn ich körperlich arbeite, denke ich nämlich nicht nach, und wenn ich nachdenke, arbeite ich weder körperlich noch geistig.

Dagegen konnte ich die Frage, ob ich einen cholerischen Chef habe, mit einem klaren „Ja" beantworten und wurde mit zweieinhalb Jahren hart bestraft. Dann sollte ich meine jährlichen Überstunden angeben und die Länge des Arbeitsweges.

In der Mitte des Monitors öffnete sich ein hellblau hinterlegtes Fenster mit dem Hinweis: „Ihre Lebenserwartung wird errechnet. Bitte haben Sie einen Moment Geduld!"

Ich ging in die Küche, um mir einen Kaffee zu brühen. Als ich zurückkam, erlag ich fast einem Herzstillstand. Der Monitor trug Trauerflor und unter einem Kreuz den Schriftzug: „Aufrichtiges Beileid! Sie sind bereits vor zehn Jahren verstorben."

Mein Fazit: Selbst wenn ich jetzt das Rauchen und Trinken aufgeben würde, wäre ich immer noch seit anderthalb Jahren tot. Trotzdem habe ich eines gelernt. Mit den Schwiegereltern fahre ich nicht mehr in Urlaub.

Wer A sagt, muss auch B sagen:
Achten Sie bitte selbst auf Ihr Verfallsdatum
eine Aktion Ihrer BOK!

„Ein Raucher, dessen jahrelanges Laster mit einem Raucherbein
bestraft wurde, kann immerhin noch seine Gewohnheiten
umstellen auf nikotinarm."

Totgeglaubte rauchen länger

Immer wieder kann man in Zeitungen von den wissenschaft-
lichen Erkenntnissen führender Mathematikmediziner lesen,
die behaupten, eine Zigarette verkürze das Leben um fünf-
einhalb Minuten. Vergessen Sie diesen Unsinn! Mein Großvater hat gequalmt wie ein Stadtsoldat und ist immerhin 93
Jahre alt geworden. Allerdings hat er sich erst mit 86 im
Seniorenstift zum Rauchen verführen lassen.

Andererseits muss aber etwas an der These, dass Rauchen lebensverkürzend wirkt, dran sein. Ein Bekannter büß-
te durch die Glimmstängel glatte 45 Jahre seiner durchschnittlichen Lebenszeit ein. Der Idiot begann im greisen
Alter von 36 Jahren mit der Qualmerei. Als er sich Nach-
schub holen wollte und dabei eine belebte Straße über-
querte, wurde er von einem LKW überrollt. Wen trifft nun
die Schuld für sein frühzeitiges Dahinscheiden, das Laster
oder den Laster? Ironie des Schicksals, der LKW mit Marl-
boro-Werbung hatte Tabakwaren geladen.

Peter Kassierer, einer meiner Kegelbrüder, dem die Zigaretten ausgegangen waren, verließ in der Werbepause seinen
Fernsehsessel, um aus dem Automaten vorm Haus nur mal
schnell … Von hier aus verliert sich seine Spur. Die abergläu-
bische Ehefrau gab sofort das Rauchen und ihren Liebhaber
auf. Natürlich auch eine Vermisstenanzeige.

Die verbliebenen Vereinsmitglieder unseres Kegelclubs
„Alle Achte" vermuteten unser neuntes Mitglied, Peter Kassierer, nicht mehr unter den Lebenden. Erst viele Jahre später grinste uns aus dem Fernsehen ein gebräuntes Gesicht
mit einem Strohhut darüber an, welches zweifellos ihm
gehörte. Auf Kubas Tabakplantagen drehte ein deutsches
Filmteam eine Dokumentation und interviewte den Vorar-
beiter Pedro Cassiera, dem in einer Nacht- und Nebelaktion

die Flucht aus der deutschen Zivilgefangenschaft gelungen war. „In Kuba", so sein überzeugendes Statement, „rauche man mit Genuss. In Deutschland mit Schuldgefühlen."

Ein radikales Mittel

Frauen können mit Krankheiten besser umgehen als Männer. Während sich das vermeintlich schwächere Geschlecht hemmungslos dem Arzt seines Vertrauens öffnet, versuchen die Adonisse, ihre körperlichen Gebrechen zu verstecken, bis sie es nicht mehr aushalten. Als ich es nicht mehr aushielt, überschritt ich die männliche Hemmschwelle, also die Schwelle zu einer Apotheke, denn Männer gehen nicht zum Arzt, es sei denn, sie werden getragen.

Da mich ein äußerst peinliches Anliegen in den pharmazeutischen Fachhandel getrieben hatte, schlich ich mit gesenktem Blick um die Vitrinen und betrachtete desinteressiert die Arzneiauslagen. Ich musste Zeit gewinnen und genau den Moment abpassen, wenn ich allein sein würde.

Endlich verließ die letzte Kundin den Verkaufsraum. Ich schnellte vor und vernahm die verständnisvolle Stimme des Apothekers: „Womit kann ich Ihnen dienen?"

„Ich habe … habe ein Problem."

„Das haben alle", antwortete der Medizinmann.

„Nun ja", stotterte ich, „ich weiß … weiß nicht recht … also wie ich es …"

„Wo drückt denn der Schuh?"

„Im Schuh", sagte ich kurz und bündig und in der Hoffnung, mein Anliegen ausreichend angedeutet zu haben.

„Im Schuh?", stutzte der Pillendreher.

„Ganz recht", sagte ich und hatte nicht bemerkt, dass unterdessen eine Frau mit einem etwa zehnjährigen Knaben hereingekommen war. „Ich meine, es drückt nicht, es juckt eher, also eher entsetzlich."

„Ach so", lachte er schallend und verkündete lauthals: „Sie haben Fußpilz?"

In diesem Moment hätte eine holländische Tomate gegen mich ziemlich blass ausgesehen, zumal der vorlaute Bengel mit kreischender Kinderstimme rief: „Mami, was is'n Fußpilz?"

„Das ist eine sehr unangenehm juckende Hauterkrankung zwischen den Zehen", erklärte der Fachmann und streichelte dem Bengel übern Kopf.

„Das hat Opi auch", kommentierte der Steppke und widmete sich wieder seinem mitgeschleppten Playmobil.

„Frau Müller, würden Sie bitte vorkommen!", rief der Apotheker nach hinten, und augenblicklich kam eine pharmazeutische Assistentin vorgestürzt. Inzwischen waren mehr als fünf Kunden in der Apotheke. „Wenn Sie den Herrn weiterbedienen würden", verwies er die junge Frau an mich. „Er benötigt ein Präparat gegen Fußpilz."

„Haben Sie bereits eine konkrete Vorstellung?", fragte sie mich.

„Nein, eigentlich … eigentlich nicht."

Sie zog einen Schubkasten auf und präsentierte einige Päckchen. „Ich kann Ihnen Siros-Kapseln anbieten, Sempera Tabletten oder Amphoterisin."

„Ich habe eine Aversion gegen Medikamente, die man schlucken muss", erklärte ich.

„Kein Problem. Ich habe auch einige Cremes, Zalain oder Benzoderm. Oder mögen Sie lieber eine Tinktur wie Tolnaftat oder Fungiderm, auch als Spray erhältlich?"

„Spray klingt gut. Und welches Mittel hilft am besten?"

„Wenn Sie mich so offen fragen: Gar keins!"

„Aber es muss doch etwas geben", sagte ich verzweifelt, „was die kleinen, lästigen Dinger wirksam bekämpft."

„Es gibt so ein Mittel."

„Ja, na, dann her damit!"

„Ein ziemlich radikales Mittel", erklärte sie und griff unter den Ladentisch. „Versuchen Sie's mal hiermit!", sagte sie, reichte mir Skalpell, Knochensäge und das Handbuch: „Amputationen für den Hausgebrauch".

„Als junger Mann liebte ich schnelle Autos und schöne Frauen.
Heute ist es genau umgekehrt."

Selbst ist der Arzt

Wer die vierzig überschreitet, bekommt drei Probleme. Erstens: Man ist öfters krank. Zweitens: Wenn man krank ist, dauert die Heilung länger. Und Drittens: Wenn man zufällig gesund sein sollte, fühlt man sich ständig schlapp und müde.

Allerdings gibt es auch Vorteile. Man kennt mehr Medikamente und alternative Heilmethoden als ein Medizinstudent im fünften Semester. Mit seinem Hausarzt steht man auf Augenhöhe. Nicht selten ist der überforderte Allgemeinmediziner dankbar für die fachmännische Assistenz eines erfahrenen Patienten.

Normalerweise benötige ich bei grippalen Infekten keinerlei medizinischen Beistand. Inzwischen gelingen mir fehlerfreie Diagnosen. Selbst die erfolgreiche Aufstellung eines Behandlungsplanes stellt keine nennenswerte Schwierigkeit dar. Und seit der letzten Zuzahlungserhöhung finanziere ich meine Medikamente ohnehin aus eigener Tasche.

Mein Problem ist bürokratischer Natur. Mein argwöhnischer Chef und meine misstrauische Krankenkasse akzeptieren noch immer nicht meine selbstverfassten Krankenscheine. Hier ist der Gesetzgeber gefordert. Die Sanierung des Gesundheitswesens wäre ein Klacks. Ab dem vierzigsten Lebensjahr muss ein Mensch die Schwachstellen seines Körpers so gut kennen, dass der Staat eine schonungslose Selbstheilung erwarten kann. Schlagartig wären unsere Wartezimmer wie leergefegt. Das Praxisnetz könnte ausgedünnt werden und die freigesetzten Ärzte und Schwestern die Lücken in den Pflegeheimen schließen.

Doch wie sieht die Realität aus? Geschlagene zwei Stunden hocke ich im überfüllten Wartezimmer. Als ich endlich in Erwartung der gewohnten Prozedur aus Abhorchen, Zunge rausstrecken und in den Hals gucken aufgerufen werde, traue ich meinen Augen kaum. Meine Ärztin Frau Dr. Hupffeld sitzt völlig steif und mit vorgeschobenem Kopf an ihrem Schreibtisch.

„Ich kann mich nicht bewegen", stöhnt sie.

„Dann bleibt Ihnen nur noch der gehobene Beamtendienst", scherze ich, biete ihr aber meine Erste Hilfe an. Mühsam und unter Schmerzen schraubt sie sich langsam hoch.

„Schauen Sie mich an!", sage ich und ergreife ihre Kinnspitze. Behutsam versuche ich, ihren Kopf nach links und rechts zu drehen. Bei jeder Bewegung schreit sie laut auf.

„Nichts Ernstes", diagnostiziere ich, „Sie haben eine klassische Halswirbelblockierung."

„Könnten Sie mir helfen!", fleht sie mich an.

„Selbstverständlich", antworte ich, „dazu bin ich schließlich da."

Zunächst ordne ich an, dass sie ihren weißen Kittel ablegen soll. Damit dieser aber nicht achtlos herumliegt, streife ich ihn mir selbst über und stelle mich hinter die Kranke.

„Pressen Sie bitte beide Handballen in die Augen und drücken Ihre Ellenbogen fest auf die Bauchdecke!"

Ihre Mitarbeit ist vorbildlich. Ich wünschte mir, alle Patienten würden so mitmachen. Mit beiden Armen umklammere ich sie. „Tief Luft holen!", befehle ich. „Jetzt ausatmen und Luft anhalten!"

Es klappt wie am Schnürchen. Nachdem die Leidende die Luft angehalten hat, hebe ich sie mit einem kurzen Ruck aus. Die blockierten Wirbel krachen ordentlich im Gebälk, nehmen aber wieder ihren anatomisch zugewiesenen Platz ein.

„Nun, wie fühlen Sie sich?"

„Ein Wunder ist geschehen", staunt sie ungläubig. „Meine Schmerzen sind weg – einfach weg, Herr Doktor."

„Ich muss weiter", dränge ich und schiebe sie behutsam zur Tür hinaus, „lassen Sie sich bitte für nächste Woche einen neuen Termin geben!"

„Zahnärzte leisten einen großen Beitrag
für die zwischenmenschlichen Beziehungen, denn sie sind
die Einzigen, die Brücken zwischen die Menschen bauen.“

Keine Angst vorm Weißen Mann!

Bis zu meinem sechsten Lebensjahr bin ich drei Mal umgezogen. Ich war also ein verzogener Junge, und jedes Mal, wenn ich ungezogen war, zog Vater schweigend seinen Ledergürtel aus dem Hosenbund.

Wenn ich mit Mutter allein war und all ihre pädagogisch dilettantischen Bemühungen fehlschlugen, drohte sie mir mit zornigen Blicken: „Denk an Vaters Gürtel! – Reiß dich am Riemen!“ Meist half das wenig, denn wie ich wusste, war der Riemen, also Vater, weit weg – nämlich auf Arbeit.

Mutters Drohgebärden erfuhren eine Steigerung. „Wenn du nicht artig bist, holt dich der Schwarze Mann!“, drohte sie und wies mit dem Zeigefinger zum Küchenfenster. Ich kletterte auf den Hocker und warf einen neugierigen Blick aus dem Fenster. Da entdeckte ich auf dem gegenüberliegenden Dach einen Schornsteinfeger.

Beim Anblick des Schwarzen Mannes wurde ich leichenblass und zog mich demütig in mein Zimmer zurück. Kurze Zeit später klingelte es an unserer Wohnungstür, und Mutter rief aus der Küche: „Uwe, nun mach schon auf!“ Als ich ahnungslos die Tür öffnete, fiel mein Blick auf zwei pechschwarze Säulen, die oben zusammengingen und einen schwarzen Zylinder trugen. 'Der Schwarze Mann!', schrie es aus meiner verängstigten Kinderseele, und in diesem Moment spürte ich etwas Warmes an meinen Hosenbeinen herunterlaufen.

Das Gesicht dieser Furcht einflößenden Erscheinung war kohlrabenschwarz, und zwei weiße Flecke funkelten mich daraus bedrohlich an. Plötzlich öffnete er seinen Mund. 'Jetzt will er dich fressen', schoss es mir durch den Kopf, und mit letzter Kraftanstrengung gelang mir ein ohrenbetäubender Hilfeschrei.

Mutter kam wütend aus der Küche gestürzt, bewaffnet mit einem Tranchiermesser von der Größe eines Türkensäbels, nur nicht so krumm. Mit der freien Hand nahm sie mich, wie eine Glucke ihre Küken unters Gefieder schiebt, schützend zur Seite und schlug den Ganoven mit einem gezielten Vorwärtsstoß in die Flucht.

Im zarten Alter von zehn Jahren lernte ich eine völlig neue Angst kennen. Seit meinem ersten Besuch beim Kieferorthopäden Dr. Fleischer hatte ich plötzlich Riesenschiss vorm Weißen Mann. Er verwandelte zwar innerhalb von nur fünf Jahren einen Trümmerhaufen in das wohlsortierte Gebiss eines durchschnittlichen Mitteleuropäers, aber diese zeitraubende Prozedur ging nicht völlig schmerzlos in meinen Kieferknochen vonstatten.

Diese frühkindliche Zahnarztphobie brannte sich tief in meine zarte Seele, und jeder Besuch bei Dr. Fleischer wurde zur Tortur. Heute, also Jahrzehnte später, kann ich darüber nur noch lachen. Inzwischen bin ich vollständig von diesen animalischen Ängsten geheilt, denn kein Zahnschlächter dieser Welt kann mir noch etwas anhaben. Wenn ich Probleme mit den Beißerchen habe, lasse ich sie einfach zur Behandlung dort.

„Knirschen Sie auch nachts mit den Zähnen?"

„Nein, wir schlafen getrennt!"

Die Alten werden immer jünger

Ich mache mir Sorgen, große Sorgen. Man kann auch Alters-sorgen dazu sagen. Seit Wochen schon geht Großvater nicht ans Telefon, obwohl ich genau weiß, dass er zu Hause ist. Also mache ich mich auf den Weg. Ich klingle Sturm bei ihm. Nichts rührt sich, was Schlimmes befürchten lässt.

Eben will ich mich abwenden, um die Polizei einzuschal-ten, da lugt die Nachbarin hinter ihrer Wohnungstür hervor. „Ihr Großvater ist nicht zu Hause."

„Also lebt er", atme ich erleichtert auf.

„Na, hören Sie mal", rügt sie mich, „der junge Spund ist gerade mal 87 Lenze alt."

„Schon gut", wiegle ich ab. „Haben Sie eine Ahnung, wo er sein könnte?"

„Bei seiner Freundin, Frau Neumann, Finkenweg 5."

Finkenweg kenne ich, wohnt meine Exgattin. Hat wieder ihren Mädchennamen Neumann angenommen. So ein Zufall, denke ich belustigt und mache mich auf die Socken. Als die Tür aufgeht, ist die Überraschung perfekt.

„Sandra, du?"

„Wen hast du denn erwartet?"

„Komm doch rein, Uwe!", trällert Opa aus dem Wohn-zimmer.

„Du hast was mit Großvater?", zische ich meine Ex böse an.

„Er ist wenigstens ein richtiger Kerl. Nicht so ein Schlappschwanz mit permanenten Versagensängsten."

Ich gehe in die gute Stube und reiche meinem Neben-buhler verärgert die Hand.

„Gut, dass du da bist. Kannst du mich in die Tennishalle fahren?"

„Du spielst Tennis?", frage ich überrascht.

„Leidenschaftlich. Vor dir steht Deutschlands amtieren-der Seniorenmeister."

„Und warum fährst du nicht selbst? Ist dein Wagen in der Werkstatt?"

„Autofahren", sagt Opa pikiert, „ist was für alte Leute. Seit drei Wochen fahre ich eine 1000er Yamaha."

„Du fährst Motorrad?"

„Wie eine gesengte Sau."

„Und wieso fährst du dann nicht selbst?"

„Weil mir die Bullen die Fleppen weggenommen haben. Zu schnell gefahren und zwei Mal bei Rot über die Kreuzung."

„Was ist nur in dich gefahren, Opa – in deinem Alter?"

„Vorsicht! Man ist so alt, wie man sich fühlt. Und weil wir schon mal dabei sind. Morgen früh muss ich zur Uni."

„Willst dir wohl die knackigen Studentinnen angucken?"

„Quatsch, dafür habe ich später noch genügend Zeit. Morgen verteidige ich meine Doktorarbeit."

„Du hast heimlich studiert."

„Medizin, war gar nicht so schwer."

„Und wozu brauchst du noch einen Doktortitel?"

„Ich will als Arzt arbeiten."

„Großvater!", rief ich, um den Träumer in die Wirklichkeit zurückzuholen. „Das Seniorenheim hat geschrieben. Die haben jetzt einen Platz für dich."

„Ich weiß, als Heimarzt mit lebenslangem Wohnrecht."

73

„Als Junge wollte er beruflich fliegen,
als Mann musste er aufpassen, beruflich nicht zu fliegen."

Bin ich zu jung für mein Alter?

Seit einem Tag bin ich Langzeitarbeitsloser!

Mein Chef hat zu mir gesagt: „Im Grunde genommen kann ich nicht auf Sie verzichten, aber ab morgen versuchen wir es einfach mal!"

Als 54-jähriger ehemaliger Abteilungsleiter im Schaltanlagenbau habe ich natürlich schlechte Karten auf dem Arbeitsmarkt. Es ist ja nicht so, dass mich meine Arbeitsplatzamputation überrascht hätte. Schon vor der Fusion wurde von einer ökonomisch verträglichen Reduzierung des Humankapitals hinter vorgehaltener Hand offen gesprochen.

Mit gut zwei Dutzend Bewerbungen habe ich in den letzten Monaten vorausschauend einige Personalchefs angebaggert. Die freundlichen, fast zärtlichen Ablehnungsschreiben verband ein übereinstimmender Tenor: Meine über dreißigjährige Berufserfahrung wurde in höchsten Tönen gelobt, nur sei ich leider 25 Jahre zu alt für die ausgeschriebene Stelle.

Ist das Alter ein Fluch? Vielleicht, drum fluchen die Alten so oft. Für den Arbeitsmarkt bin ich ein seniler Faltensack mit Gefahr von Bandscheibenvorfall – für den Vater meines Vaters bin ich ein Jungspund. Einverstanden, er leidet unter Sehschwäche im Endstadium und trägt eine Brille nur, damit ihm nicht das Toupet vom kahlen Schädel rutscht.

Indes purzeln die Ablehnungen nur so. In diesem kritischen Alter will keiner einen haben. Ein Schlachthof verzehrt sich auch bloß nach Jungtieren. Rumpsteaks, die nach Schuhsohle schmecken, isst kein Schwein.

An Großvater hat wenigstens der gewinnorientierte Pflegedienst Interesse. Vor verlockend süßen Angeboten (Pflegerin oben ohne! – vermutlich ohne Verstand) kann er sich kaum retten. Als wirtschaftlicher Faktor fühlt er sich unentbehrlich. Lebensverlängernde Maßnahmen gehören zum Grundpathos der Dienste. Nur eine lebende Kuh kann man ordentlich melken. Also kämpfen sie um jeden Tag und lassen einen nicht einfach grundlos wegsterben.

Tja, alt müsste man sein! Ich bin wahrscheinlich für mein Alter noch zu jung, denn die schwierigsten Jahre im Leben eines Mannes sind die zwischen 45 und 65. Wer da beruflich Schiffbruch erleidet, säuft als alter Hase ab wie ein junger Hund.

Eigentlich müsste ich der glücklichste Mensch sein, denn ohne eigenes Dazutun habe ich jenes Ziel erreicht, welches ich seit frühester Jugend mit ganzer Kraft verfolge.

„Was willste denn mal machen?", hatte mich Opa gefragt, als ich sechzehn war.

„Das, was du jetzt machst", hatte ich spontan geantwortet.

„Aber ich mache doch gar nichts!"

„Eben – und sieh mal, wie viel Kohle du dafür kriegst."

Mein Arbeitslosengeld kann mit Opas Rente kaum konkurrieren, deshalb bin ich wie ein Feuerwehrmann an einem neuen Job brennend interessiert. Vom Arbeitsamt kommen die Angebote nur spärlich, und wenn, dann handelt es sich um Zeitarbeit oder Billiglohnjobs. Viel Arbeit für wenig Geld!

Letztens sollte ich mich bei einer Entsorgungsfirma vorstellen. Das muss man sich mal vorstellen! Eine Abbruchfirma war auch dabei. Wie die auf mich gekommen sind, ist mir schleierhaft, vielleicht, weil ich mein erstes Studium abgebrochen habe.

Vor einer Stunde rief ein Bestattungsunternehmen an. Jahrelang habe ich Verantwortung getragen, jetzt sollte ich für wildfremde Leute Särge schleppen. Absichtlich verstand ich die Dame am anderen Ende der Leitung nicht und brüllte in die Muschel: „Opa ist noch nicht so weit!"

Seitdem herrscht Totenstille. Wenn ich meine ansonsten redselige Arbeitsvermittlerin anklingle, schweigt sie wie ein Grab. Nach drei abgelehnten Jobs bin ich für das Arbeitsamt nur noch eine Karteileiche.

Weniger ist manchmal mehr

Der Saal war gut gefüllt. Bereits zehn Minuten bevor es losging, waren alle Stühle besetzt, und noch immer drängten diese grauen Lichtgestalten in den Saal wie Motten ins Licht. Die Luft war zum Zerreißen gespannt. Nervosität machte sich breit.

Nur noch fünf Minuten. Die Spannung stieg ins Unermessliche. Die beiden Saaldiener wollten aus Sicherheitsgründen die schwere Flügeltür schließen, da auch die Seitengänge inzwischen mit diesen zerlumpten Gestalten verstopft waren. Plötzlich brach ein ohrenbetäubender Lärm los. Die Köpfe flogen herum und verfolgten mit schadenfrohen Blicken das Spektakel. Drei, vier abgewiesene Hungerleider versuchten gewaltsam, sich Zutritt zu verschaffen, wurden aber von den athletischen Saaldienern zurückgedrängt. Fäuste wirbelten durch die Luft. Einer der Unbelehrbaren sackte bewusstlos zusammen.

Im Saal herrschte Totenstille. Endlich öffnete sich die Seitentür, und der Auktionator betrat die Bühne. Er legte einen Ordner auf den Tisch und setzte sich. Und obwohl man eine Stecknadel zu Boden hätte fallen hören können, schlug er den Hammer auf die Tischplatte und schrie aus voller Kehle: „Ruhe!"

Angewidert blickte er in die erwartungsvollen Bleichgesichter. „Ich beginne mit dem Objekt Nummer 73."

Hastig durchwühlten die Tagelöhner das Angebotsheft.

„Das Eröffnungsgebot steht bei 2.000. Ist jemand interessiert?"

Einige Arme flatterten in die Höhe und verrenkten sich fasst in dem Bemühen nach Aufmerksamkeit.

„Ihre Gebote!", rief der Auktionator.

„1.900!", krächzte ein älterer Glatzkopf, der sofort von einem schmächtigen Männchen mit „1.800!" untertrumpft wurde.

„1.800 stehen", konstatierte der Auktionator und nickte wohlwollend. „Geht jemand tiefer?"

Ein pockennarbiger Mittvierziger wagte sich vor und zischte mit finsterer Miene: „1.500!"

Ein Raunen ging durch den Saal. In einigen Köpfen nahmen erste Mordpläne Gestalt an.

„Hervorragend", salutierte der Auktionator. „Bietet jemand weniger?"

Wütend sprang der Glatzkopf auf und schrie: „1.200!"

„1.200, die Herrschaften haben es gehört. Wer will unterbieten? Es stehen 1.200 zum Ersten …"

„1.000!", schnellte der Wurzelzwerg wieder vor.

Der Auktionator hob drohend den Hammer: „1.000 zum Ersten, zum Zweiten …"

„700!", platzte ein bis dahin Unbeteiligter dazwischen und ließ bei den Bietern das Rückenmark gefrieren. Der Glatzkopf brach schweißgebadet über seinem Stuhl zusammen.

„Sie haben es vernommen, 700", nahm der Auktionator den Faden wieder auf. „Ist das Ihr letztes Gebot? Dann stehen 700 zum Ersten, zum Zweiten und zum …"

„500!", rief der Pockennarbige mit tränenunterlaufener Stimme.

„Ich gebe auf", kapitulierte das schmächtige Männchen.

„500 zum Ersten, zum Zweiten und zum Dritten!" Der Hammer sauste auf die Tischplatte und besiegelte akustisch das Geschäft. „Glückwunsch, der Herr!", gratulierte der Auktionator förmlich, „der Job gehört Ihnen."

Versicherungsflucht

Es vergeht kaum keine Woche, in der sich nicht mindestens ein Versicherungsagent bei uns telefonisch meldet und behauptet, wir wären nicht ausreichend versichert. Kein Problem! Dafür gäbe es ja schließlich ihn. Und wir sollten froh sein, dass nicht so ein dahergelaufener Ganove bei uns aufgetaucht wäre, der uns nur völlig überflüssige Policen aufschwatzen will. Übrigens hätte er erstklassige Versicherungen im Portfolio.

Nun haben Versicherungsvertreter und Schmeißfliegen eines gemeinsam, beide sind sehr anhänglich. Wie sie aber gerade auf uns gekommen sind, wird mir ein Rätsel bis zur letzten Ruhestätte bleiben. Woran man auch schon wieder sehen kann, diese Typen verfolgen einen bis ins eigene Grab. Vielleicht wegen einer saftigen Provision für die Sterbeversicherung.

Und überhaupt, wieso spricht man in der Branche von Versicherungsschutz? Mich hat noch keiner vor einer Versicherung geschützt. Die Fangarme dieser nimmersatten Krake reichen weit, selbst einem Umzug strecken sie sich hinterher, obwohl ich diesen völlig geheim gehalten hatte.

Kaum waren die ersten Umzugskartons ausgeräumt, schrillte das Telefon: „Spreche ich mit Herrn Levin? Mein Name ist Mandy Schwätzer von der Humbug-Versicherungs-AG. Ich bin beauftragt worden, Sie in den nächsten Tagen zu einem kleinen, unverbindlichen Gespräch aufzusuchen."

„Vielen Dank, wir haben aber leider keine Zeit!", schmetterte ich ihr aufdringliches Begehren ab.

„Dauert nicht lange – halbe Stunde."

„Ich sagte doch – no time!"

„Herr Levin", versuchte sie mir ins Gewissen zu reden, „es ist wirklich sehr wichtig."

„Für wen?"

„Für uns, und natürlich auch für Sie. Es dauert kaum zwei Stunden!"

„Das letzte Mal waren es fast vier."

„Entschlussfreude zahlt sich eben aus, auch zeitlich. Also Herr Levin, dann bis morgen siebzehn Uhr, wie abgesprochen."

Ich Trottel hätte dieses Gespräch darauf beruhen lassen sollen. Aber stattdessen höre ich mich sagen: „Kommen Sie nur, wir sind eh umgezogen!"

Buchstäblich in letzter Sekunde rettete uns eine Last Minute Reise nach Gran Canaria. Für eine Versicherung gibt es nämlich nichts Leichteres, als eine neue Anschrift zu ermitteln. Leider kamen wir durch unsere Flugrettung vom Regen in die Traufe. Bereits auf dem Airport angekommen, attackierten uns zwei südländische Schönheiten und drängten uns mit der Zusicherung auf einen garantierten Hauptgewinn zu einem sehr vorteilhaften Timesharing-Vertrag.

Wir waren müde, kraftlos und abgespannt wie eine Wäscheleine. Unnötig, Ihnen das Ergebnis zu verraten.

„Deine ständige Nörgelei mit den Stewardessen - ein Glück, dass ich 'ne Reiseversicherung abgeschlossen habe!"

„Frauen sind im Leben eines Mannes wie das Salz in der Suppe.
Wer aber mag schon gern versalzene Suppen?"

Mein Nachfolger

„Wenn man älter ist, ist es gar nicht so einfach, einen neuen Partner zu finden", warnt mich meine Frau immer dann, wenn ich einer knackigen Blondine hinterherschiele. Ich habe keine Erklärung für dieses zwanghafte Phänomen, dem ich schutzlos ausgeliefert bin. Erschwerend kommt hinzu, dass, je älter man wird, die Dinger umso jünger werden, denen man hinterherglotzt. Ich mag gar nicht daran denken, wie jung die Mädels sein werden, wenn ich mal die Neunzig überschritten habe.

Frauen haben dafür wenig bis kein Verständnis, denn Männer denken mit einem Organ, welches dem weiblichen Homo sapiens in der Grundausstattung fehlt. Deshalb lenkte letztens meine Frau die Sprache unauffällig auf meinen Nachfolger, rein prophylaktisch und aus der Tatsache heraus, dass Frauen dank des demographischen Faktors ihre eigenen Männer überleben.

„Bevor du ins Bett gehst, räumst du diesen Saustall auf!", schrie sie mich an und fügte mit listig züngelndem Mundwerk hinzu: „Ich weiß nicht, ob das deinem Nachfolger gefallen würde."

Ich versuchte zu antworten, lallte aber nur ein nichtssagendes: „Oäh". Mir war ein feuchter Rülpser entwichen. Nach dem achten Pilsner verringert sich spürbar meine Feinmotorik. Mit gerunzelter Stirn wischte sich meine Frau die Spritzer aus dem Gesicht. Ich murmelte ein leises und breitgezognes „Eeent … schuuul … dige!" und stopfte das herumwurstelnde Feinrippunterhemd in die grüne Turnhose. Dabei fiel mir die Kippe aus dem Mundwinkel, direkt auf den unechten Perser.

„Aber du, dieser Gedanke an einen anderen Mann ist mir schon irgendwie unerträglich", gestand ich meiner Frau, wobei mir der frische Knoblauch vom Abendbrot aufstieß. Ich schlug meine käsigen Stoppelbeine übereinander, die gern auf der Lehne des Sessels ruhten, in dem es sich meine Frau bequem gemacht hatte. Sie drückte sich in die äußerste Ecke und rümpfte die Nase. Untrügliches Zeichen dafür, wieder einmal die Strümpfe zu wenden.

„Ach, vergiss es!", raunte sie mir zu. „Bevor ich noch einmal auf so einen versoffenen Kerl hereinfalle, lege ich mir lieber einen Hund zu!"

„Soll das heißen, du vergleichst mich mit einem Hund?", fuhr ich sie böse an.

„Verzeih mir bitte! Ich wollte keinem Hund zu nahe treten. Aber die Vorteile sind nicht von der Hand zu weisen."

„Pah, Vorteile", schniefte ich aufgebracht.

„Hunde sind zum Beispiel saubere Tiere", behauptete sie mit einem Blick auf mein durchschwitztes Unterhemd.

„Ich kann nicht jede Woche duschen", murrte ich.

„Hunde gehorchen aufs Wort."

„Weil sie wissen, dass Frauen keine Widerrede dulden."

„Ein Hund freut sich, wenn Frauchen nach Hause kommt."

„Soll ich etwa mit dem Schwanz wedeln, wenn du zur Tür hereintrittst?"

„Ein Hund ist anhänglich und treu."

„Dafür musst du mit ihm vor die Tür, wenn er seinen Haufen machen will."

„Einverstanden. Aber er spricht nicht tagelang darüber.

„Wenn du nicht willst, dass man über dich redet,
dann stelle dich zu den Leuten, die über dich reden wollen!"

Quasselstrippe trifft Schnattertasche

„Darf ich Ihnen nachschenken, Frau Quassel?"

„Danke, sehr liebenswürdig. Ihr Kaffee schmeckt wieder
einmal ausgezeichnet, Frau Schnatter."

„Und der Kuchen?"

„Ihre Backkünste sind sprichwörtlich."

„Ich muss Sie enttäuschen, den hab ich vom Bäcker."

„Nun sagen Sie bloß nicht, vom Maiwald-Bäcker!"

„Doch. Der macht noch immer den besten Kuchen im
Viertel", verteidigt sich Frau Schnatter.

„Seitdem das mit Maiwalds Söhnen passiert ist", bekennt
Frau Quassel, „kaufe ich diesem Halunken keine vertrock-
nete Semmel mehr ab."

„Sie machen mich ja ganz neugierig."

„Mein Kurt, Gott hab ihn selig, hat immer gesagt, und da
waren die Buben noch klein, die landen alle früher oder später vorm Kadi."

„Was Sie nicht sagen."

„Ich weiß es aus erster Hand", flüstert Frau Quassel. „Mein
Schwager ist nämlich Gerichtssprecher am Landgericht."

„Nun spannen Sie mich aber nicht länger auf die Folter!"

„Sitzen in U-Haft, alle drei. Und wissen Sie warum?
Haben eine Bank überfallen."

„Weil Sie gerade von Bank sprechen, Frau Quassel, haben
Sie das von Frau Hinze, diesem schamlosen Luder, gehört?"

„Nein! Was hat denn dieses Flittchen wieder angestellt?"

„Ist mit einem älteren Herrn erwischt worden, in fla-
granti, auf einer Parkbank, drüben im Stadtwäldchen."

„Was für ein Skandal", mokiert sich Frau Quassel. „Da
hätte man doch die Sittenpolizei holen müssen."

„Ganz recht, und die alte Niemeiern hätten sie gleich
mitnehmen können."

„Die mit den drei Schäferhunden?"

„Eine unmögliche Person! Hat doch unserem kleinen Sebastian eine Ohrfeige verpasst, nur weil er an ihren Zaun gepullert hat."

„Was Sie nicht sagen, Frau Schnatter!"

„Ja, ich hab's genau gesehen. Hab zufällig hinter der Gardine gestanden."

„Unfassbar", schimpft Frau Quassel. „Und ihre Köter scheißen die Fußwege voll."

„Weil Sie gerade von Hunden sprechen. Kennen Sie Frau Scharfstetter aus dem Nachbarhaus?"

„Dieses aufgetakelte Weibsbild, das sich einbildet, dass kein Mann an ihr vorbeikommt?"

„Über vierzig und benimmt sich wie eine läufige Hündin. Schleppt alle Nase lang fremde Männer in ihre Wohnung. Ich seh's doch prima von hier oben aus."

„Ich meine", erwidert Frau Quassel, „geht uns ja eigentlich nichts an. Aber mal ehrlich! So etwas gehört doch nicht in unser sauberes Viertel."

„Genau meine Meinung", seufzt Frau Schnatter. „Und wenn wir schon mal dabei sind, solche Tratschtanten wie die Frau Leisetreter müsste man auch aus unserem Viertel abschieben."

„Eine unmögliche Person. Was die für Gerüchte in Umlauf setzt, das geht auf keine Kuhhaut."

Frau Schnatter setzt genüsslich die Kaffeetasse ab und haucht erleichtert: „Was bin ich froh, Frau Quassel, dass wir nicht so sind."

„Als der Feuerwehrmann von einer nächtlichen fragwürdigen Löschübung heimkam, fühlte er sich abgebrannt. Als ihn seine Frau zur Rede stellte, verbrannte er sich den Mund. Als er am nächsten Morgen aufwachte, war sie durchgebrannt."

Wasser marsch!

Neulich lief mir mein Nachbar Felix Stürzler über'n Weg. Er sah ziemlich durchgeweicht aus, als hätte ihn die Sintflut überrascht. Ich konnte mir ein wässriges Schmunzeln nicht verkneifen.

„Du mit deiner Wasserlache", schimpfte er wie eine Rohrdommel.

„Felix, welches Seepferdchen hat dich denn geritten?", fragte ich und spielte den Überraschten.

„Ach", stöhnte Felix versöhnlich, „ich hatte mich doch so auf den Betriebsausflug gefreut."

„Heißt das, er ist ins Wasser gefallen?"

„Schlimmer, unsere Firma ist baden gegangen!"

Das wunderte mich aufs Ärgste. Als Prokurist hätte er doch merken müssen, dass die Firma den Bach runterging.

„Du weißt genau, ich bin kein stilles Wasser", fauchte er verärgert.

„Gott bewahre", lenkte ich ein. „Seitdem ich dich kenne, schwimmst du gegen den Strom."

„In meiner jetzigen Situation wäre ich dankbar, könnte ich wie dieser Langhaarige vor zweitausend Jahren übers Wasser latschen."

„Na, bis du das schaffst, wirst du wohl noch eine Weile paddeln müssen."

„Das muss ich auch so. Mir steht nämlich das Wasser bis zum Hals!"

„Was sagt eigentlich dein Chef dazu?"

„Der ist untergetaucht."

„Ich denke, der konnte kein Wässerchen trüben."

„Pah, hast du eine Ahnung! Der hat den Großteil der Kohle in irgendwelchen dunklen Kanälen verschwinden lassen."

„Das kennt man", schniefte ich verächtlich. „Und euch lässt er absaufen."

„Wir können nur hoffen, dass ihn die Wasserschutzpolizei schnappt."

„Und die Belegschaft?"

„Steht auf dem Schlauch."

„Vielleicht ließe sich auf dem Firmengelände wenigstens noch ein Feuchtbiotop einrichten."

„Kommt überhaupt nicht in Frage", erwiderte Felix energisch, „dann schon eher ein Trockendock."

Stein oder nicht Stein?

Ja, das ist hier die Frage. In vielen Menschen schlummert die amerikanische Legende vom Tellerwäscher, der es einmal bis zum Millionär geschafft haben soll. Und wer träumt schon nicht gern von Reichtum und Glück?

Herr M. träumte nicht nur, er handelte. Erst mit Steinpilzen, die er als vierzehnjähriger Knabe aus dem Wald holte und am Straßenrand für ein Handgeld feilbot. Doch mühsam war der Aufwand, und gemessen am Ertrag, die Arbeit nicht wert.

Handel und Wandel tragen reichlicher Früchte, dachte er und verkaufte fortan Steinobst. Jedoch auch hiermit ließ sich kein Vermögen verdienen, und er wechselte. Nicht den steinigen Pfad seines Lebens, sondern den Beruf. Im städtischen Tierpark fand er eine Anstellung als Pfleger und hütete fortan die Steinmarder.

Die Zeit verstrich, ohne dass es ihm gelungen wäre, die Habenseite ansehnlich erhöht zu haben. Doch was ist viel, und was ist wenig? Alles ist relativ. Wenig ist genauso relativ wie relativ viel, weil viel für manche relativ wenig ist. Und wie der große Albert Einstein begann auch Herr M., sich seinen eigenen Kopf zu zerbrechen, denn er wollte nicht ohne einen ansehnlichen Kontostand steinalt werden.

Durch einen raffinierten Tatortkrimi erhielt er den Stein des Anstoßes. Erst überwältigte er die Angestellten einer Bank und anschließend ihn die Polizei. Das brachte ihm nicht den erwünschten Durchbruch, sondern unerwünschten Steinbruch.

Jahraus, jahrein musste er nun stumpfsinnige Arbeit tun und fand Gelegenheit zum Grübeln, um vielleicht doch noch ans Ziel seiner Träume zu gelangen. So sehr er sich aber mühte, der Stein wollte sich nicht zum Rollen bringen lassen. Er lag vor ihm, und mit einem schweren Vorschlaghammer schlug er auf ihn ein, bis ihn am Kopf ein Splitter traf. Auf diese Weise gelangte er ins Haftkrankenhaus. Diagnose: Steinschlag!

Als Herr M. sein volles Bewusstsein wiedererlangt hatte, glitten seine Erinnerungen bis in die früheste Kindheit ab. Sein Leben glich einem einzigen Trümmerhaufen, und plötzlich stellte er fest: Stolpersteinen verdankte er die vielen holprigen Wendungen in seinem Leben. Und so fand er in dieser Erkenntnis den Stein der Weisen, denn Herr M. fragte sich, warum man nicht zur professionellen Vermarktung übergehen solle.

Er eröffnete eine Steinhandlung und verkaufte Natursteine, die er den Landwirten vom Felde lesen ließ, wofür er ebenfalls ein nicht ganz unbeträchtliches Entgelt einstrich. Schrebergärtner, die jene Art Steine für Ziermauern und Steingärten benötigten, zählten ebenso zu seinen Kunden wie Eigenheimbesitzer, die sich aus ihnen Zierteiche oder rustikale Kamine fertigten. So hatte Herr M. nicht nur eine erträgliche, sondern auch eine einträgliche Marktlücke entdeckt und wurde durch sie steinreich.

Ganz aus dem Häuschen

„Es hat geklappt", brüllt Hotte ins Telefon. „Stell dir vor, es hat geklappt!", schwoll seine Stimme auf den Lärmpegel einer startenden Concorde an.

„Hotte!", mahnte ich meinen früheren Kollegen. „Werde bitte etwas präziser! Und schrei um Himmelswillen nicht so rum!"

„Das Siedlungshäuschen, wir haben den Zuschlag bekommen. Der Makler hat uns ins Herz geschlossen ..."

... ins Herz geschossen, dachte ich den Satz korrekt. Makler sind in erster Linie keine Gutmenschen, sondern gerissene Geschäftsleute. Für sie ist der kleinste Tisch groß genug, um einen darüber zu ziehen.

„Freistehend?", fragte ich.

„Doppelhaus", erklärte Hotte mit fiebriger Stimme. „Gebaut in den dreißiger Jahren, aber Topzustand!"

„Kostenpunkt?"

„Einhundertfünfzigtausend, das ist halb geschenkt."

„Puh!", stöhnte ich. „Nicht grad billig!"

„Dafür ist alles tipp topp in Schuss. In vier Wochen können wir einziehen."

Als ich ihn vier Monate später besuchte, standen nur noch die ausgeschälten Grundmauern. Das Beste an seinem Anwesen war der morsche Zaun. Mit vor Stolz zitternder Stimme fragte er: „Und, wie gefällt es dir?"

„Ziemlich gut erhalten für eine Ruine."

Hotte ließ mich beleidigt stehen und über sechs Monate nichts von sich hören.

Ich bekam im Gegensatz zu Hottes Makler ein schlechtes Gewissen und rief ihn an. „Na, wie wohnt es sich im neuen Heim?", fragte ich mit dem von mir erwarteten neidischen Unterton.

„Wohnen!?", schniefte er. „Hast du eine Ahnung, wie viel Zeit, Kraft und noch mehr Kohle so ein Ausbau kostet?"

„Entschuldige, ich konnte ja nicht ahnen", stammelte ich.

„Wir sind", hustete Hotte ärgerlich, „gerade bei der Kellertrockenlegung. Das Dach musste auch neu eingedeckt werden. Mehr können wir uns im Moment nicht leisten."

Als Hottes Frau ihren Job verlor, drohte aus seinem Bauvorhaben ein Jahrhundertprojekt zu werden. Scherzhaft sagte meine Frau zu mir: „Hotte baut wohl das Haus für seine Enkel?"

„Deine Urenkel werden sich in dem Haus wohlfühlen", stachelte ich Hotte an. Von meinen zynischen Seitenhieben in seiner Eitelkeit verletzt, holte sich Hotte von seiner Sparkasse das nötige Kleingeld, um mir baldmöglichst seine Miniatur-Villa zu präsentieren.

Als der erschöpfte Hotte von seinem Chef zum wiederholten Mal beim Schlafen ertappt worden war, konnte er sich seine Papiere holen. Mit blutigen Tränen stand er vor seinen verständnislosen Gläubigern.

Hotte musste Privatinsolvenz anmelden, und seine Hausbank gab das Objekt der Begierde zur Versteigerung frei. Ohne ernsthafte Absichten wohnte ich der unspektakulären Auktion bei, zu der kaum eine Handvoll Interessenten gekommen waren.

Mit mulmigem Gefühl im Bauch verfolgte ich das schaurige Szenario. Die Gebote liefen nur schleppend. Wenn das Haus unter Wert wegging, war Hotte restlos erledigt. Ich wollte ihm etwas Gutes tun und versuchte, die Bieter anzutreiben. Bei lächerlichen vierzigtausend Euro erhielt ich den Zuschlag, sowohl vom Auktionator als auch von Hotte, der sich anschließend seine gebrochene Hand hielt.

„Du mieser Verräter!", schniefte Hotte wütend, ehe er von einer Polizeistreife abgeführt wurde.

Zur Einzugsparty werden wir Hotte nicht einladen.

„Sich überhaupt nicht verändert zu haben, sollte nicht immer als Kompliment aufgefasst werden. Oftmals heißt es nur: Du hast früher schon alt ausgesehen!"

Misswahn

Meine Frau geht regelmäßig zur Kosmetik. Ich stehe derartigen Fehlinvestitionen tolerant gegenüber. Die Beautyfarm ist nicht zu verwechseln mit einer Hühnerfarm. In der einer werden Köpfe gepflegt, in der anderen abgeschlagen.

Trotzdem werde ich nie verstehen, warum Frauen über vierzig dem Schönheitsdiktat der Werbeindustrie so verfallen sind. Für Misswahlen werden sie ja doch nicht mehr zugelassen. Obwohl letztes Jahr in der sächsischen Kleinstadt Rathen eine einundvierzigjährige Blondine den Wettbewerb gewonnen hatte. Seitdem ist sie glücklich und Miss Rathen.

Selbst Lehrerinnen wollen wissen, wer die Schönste unter ihresgleichen ist, und wählen entgegen der Pisa-Studie ihre Miss Bildung.

Bei Banken sind Misswahlen das Nonplusultra und ausschließlich den Herren der Schöpfung vorbehalten. Zu den werbeträchtigen Events werden vorrangig finanzkräftige Privatkunden geladen. Nach Auszählung aller Stimmen präsentiert der Direktor seinen Miss Kredit.

Auch die Industrie und der verarbeitende Mittelstand blasen alljährlich zum Halleluja, wenn es heißt: Gesucht wird die diesjährige Miss Wirtschaft.

Euphorie macht sich auch in ländlichen Breiten breit, denn fieberhaft suchen die Landwirte in Ställen, Heuschobern und auf den Feldern die neue Miss Ernte.

Bei allem Misswahn, ein Wettbewerb fehlt noch. Oder gibt es ihn bereits in Form von Bundestagswahlen? Im Wahlkampf verspricht jede Partei, die angeschlagene MS DEUTSCHLAND wieder flott machen zu wollen. Dazu wolle man die Ärmel hochkrempeln und kräftig anpacken.

Doch für wen man sich auch entscheidet, schnell erweist sich unsere Wahl als Miss Griff.

Falscher Page bringt Mann in Rage

Ein vornehm gekleideter Geschäftsmann tritt aus der Hotellobby einer noblen Herberge, auf einem Kofferwagen zwei schwere Gepäckstücke. Suchend lässt er seine Blicke schweifen. Ein Stück weg, in Nachbarschaft des Hotels, befindet sich ein sakrales Gebäude. Dort sieht er einen Mann, in ein liturgisches Gewand gehüllt, vor dem Kirchenportal stehen. Diesen hält der Reisende irrtümlich für einen Gepäckträger.

„He, Sie!", ruft der Geschäftsmann, vom Typ Deutsche-Bank-Manager. Der Geistliche dreht bedächtig den Kopf.

„Ja, Sie! Sie meine ich, genau!", bekräftigt der Geschäftsmann seine fordernden Worte.

„Was wollen Sie von mir?", ruft der Mann Gottes mit einem Anflug leichter Verunsicherung.

„Na, was wohl!? – Sie sollen meine Koffer zum Taxi tragen."

„Kommt gar nicht in Frage! Das werde ich nicht tun."

„Ich dulde keine Diskussion!", echauffiert sich der Geschäftsmann mit lauter Stimme. „Und nun kümmern Sie sich gefälligst um mein Gepäck!"

„Aber hören Sie, guter Mann! Ich bin Würdenträger."

„Was Sie sonst schleppen, ist mir egal. Jetzt tragen Sie gefälligst meine Koffer!"

Höchste Zeit

„Hallo, ihr Drei", grüßte Hella, die Wirtin vom SCHLUCH-ZERECK. Regelmäßig Freitagabend trafen wir uns, Walter, Rudi und ich, zu einem tiefsinnigen Gespräch, welches stets ein wissenschaftliches Thema thematisierte.

„Gibt sich das akademische Quartett wieder mal die Ehre?", fügte sie zu ihrer Begrüßung belustigt hinzu. Die Tatsache, dass ein Quartett irgendetwas mit der Ziffer vier zu tun haben müsste, störte niemanden. Vierblättriger Klee hat ja meist auch nur drei Blätter.

„Jemand gestern Abend die Sendung übers Raum-Zeit-Kontinuum gesehen?", flötete Rudi nach der vierten Runde in die Runde.

Wir waren offen für alle Sektionen der Wissenschaft. Besonders aber interessierten uns die Planeten und Sterne, nicht nur die des Cognacs. Wir liebten das All und den Alltag, obwohl unser Einzel-IQ nicht an den eines ausgebildeten Polizeihundes heranreichte. Wir sprühten vor Wissensdurst – na ja, zumindest quälte uns permanenter Durst. Wir haben schon in Stammzellen unseren Rausch ausgepennt, da haben jetzige Stammzellenforscher noch am Einmaleins geknabbert.

„Sicher doch", sagte ich.

„Na, logisch", trällerte Walter.

„Seid mal ehrlich! Habt ihr Einsteins komische Theorie verstanden?"

„Klar man, Zeit ist relativ", lächelte ich.

„Mir ist das relativ unklar", stöhnte Walter kopfschüttelnd und stürzte sich einen Kurzen hinter die Binde. „Eine Stunde ist bei mir eine Stunde", winkte er lapidar ab. „Es sei denn, die Uhr ist stehengeblieben."

„Genau", pflichtete ihm Rudi bei.

„Nicht ganz", entgegnete ich. „Eine Stunde bis zum Feierabend kann verdammt lang sein, aber eine Stunde am Stammtisch vergeht wie im Fluge."

„Da ist was dran", musste Walter zugeben. „Wir hocken ja auch schon wieder seit einer Stunde hier, und mir kommt's vor wie fünf Minuten."

„Trotzdem verstehe ich dann nicht", warf Rudi ein, „dass die Zeit im Universum schneller vergehen soll."

„Das hängt mit den Massezentren zusammen", erklärte ich, und die beiden starrten mich an wie zwei Schuljungen, die beim Popeln erwischt wurden.

„Versteht kein Schwein", bemerkte Walter, und Rudi schickte einen feuchten Rülpser auf Reisen.

„Auch das ist leicht zu begreifen", sprach ich mit der souveränen Gelassenheit eines Universitätsdozenten. „Wenn du mit deiner Frau zusammen bist, vergeht die Zeit langsam. Bist du aber weit weg von diesem Massezentrum, vergeht die Zeit wieder rasend schnell."

„Ja, schon", wimmerte Walter wenig überzeugt.

„Deshalb kam Einstein zu der Auffassung, Zeit ist nicht absolut, sondern relativ."

„Mag ja absolut zutreffend sein", sagte Rudi mit einem verstohlenen Blick zur Uhr, „trotzdem ist es relativ spät geworden."

Als wir, uns gegenseitig stützend, das Lokal verließen, schaute ich in den Nachthimmel und fragte: „Weiß jemand, wo der Mars ist?"

Die beiden blieben stehen und durchwühlten ihre Taschen. Rudi murmelte achselzuckend: „Tut mir leid, ich habe nur ein Snickers dabei."

"Einen Mars-Riegel und von Saturn ein Handy, ich bin ja gespannt, was die zu Hause sagen werden!"

Armut verpflichtet nicht

Wer minderbemittelt ist, muss noch lange nicht unvermögend sein. Dieter war weder begütert noch reich, höchstens reich an Erfahrung, aber das reichte eben nicht aus, um in diesem Leben weiter zu kommen. Dieter war hoch verschuldet und arm wie eine Computermaus. Aber er bekannte sich zu seiner wirtschaftlich angespannten Lage. Dazu gehörte eine Portion Mut. Deshalb heißt es ja auch Armut.

Seine Eigentumswohnung gehörte der Bank, genau wie sein Auto. Die Wohnungseinrichtung hatte er auf Teilzahlung erworben. Auch den Computer hatte er auf Raten bekommen. Selbst die Frau, die er liebte, gehörte seinem Nachbarn. Mit dem konnte er allerdings nicht mithalten. Immer adrett gekleidet, in Anzügen, so teuer wie die monatlichen Unterhaltszahlungen an seine geschiedene Frau. Auch seine beiden Kinder kamen ihn nun teuer zu stehen. Wäre er damals nur auf der Hut gewesen – hätte er mal lieber verhütet.

Auch beruflich lebte Dieter auf Pump. Er arbeitete im städtischen Klärwerk – als Pumpenmechaniker. Eines Tages rief ihn sein Chef ins Büro zu einem klärenden Gespräch. Nach dem achten Job wusste Dieter, so fängt jede Kündigung an.

Sein Weg war holprig: Frau weg – Job weg – Auto weg! Was weiter passierte, braucht man nicht zu raten, denn diese konnte er nicht mehr zahlen.

Die Räumungsklage war nach der Scheidung seine zweite Bekanntschaft mit dem Amtsgericht. Alles höfliche Winkeladvokaten dort, die einem mit dem Gesetzbuch unterm Arm rücksichtsvoll in den Hintern traten.

Mit einem guten Anwalt wäre ihm das nicht passiert. Hätte Dieter Geld gehabt, hätte er sich einen Anwalt leisten können für ein Problem, was er dann gar nicht gehabt hätte.

Was einigermaßen verwertbar war, beschlagnahmte der zuvorkommende Kuckuckskleber. Sein Auto wurde abgeschleppt, und die neuen Möbel holte sich das Möbelhaus

zurück. Seine hübsche Nachbarin lehnte auf der Fenster-
bank und grinste hämisch herunter. Und dann wünschte sie
Dieter alles Gute – für ihre Zukunft.

Ihm war nicht nach Lachen zumute. Denn wer das Dach
überm Kopf verliert, dem reißt man nicht auch noch den
Boden unter den Füßen weg.

Dieter hatte wieder etwas dazugelernt: Wer kürzer treten muss, sollte keine großen Schritte machen. Doch bei
allem Elend, die Situation hatte auch eine gute Seite. Dieter
musste wenigstens nicht mehr den Verlust seines fremd-
finanzierten Besitzes fürchten.

Eine erfolgreiche Diät

Buhlalke war einmal eine stattliche Erscheinung. Er hatte Hamsterbacken und um den Bauchnabel die imposante Wölbung eines Hängebauchschweines. Manche Kollegen sagten scherzhaft, er hätte Trompeter werden können, mit diesem Resonanzkörper. Leider war Buhlalke völlig unmusikalisch. Den einzigen Takt, den er beherrschte, war das rhythmische Mahlen seiner Backenzähne.

Buhlalke hatte ziemlich abartige Essgewohnheiten. Er aß nicht wie ein normaler Mitteleuropäer. Seine Nahrungsaufnahme glich eher einer organisierten Lebensmittelvernichtung. Natürlich hatte er die entsprechende Figur dazu. Er hätte glatt als der kleinere Bruder unseres Ex-Kanzlers Helmut Kohl durchgehen können. Als Buhlalke einmal besonders gute Laune hatte, und die hatte er eigentlich immer, sagte er, er wäre unheimlich froh, nicht der kleinere Bruder des Oggersheimer Ex-Kanzlers zu sein. Verdutzt fragten wir ihn: Wieso? Na, ist doch logisch, wieherte er wie ein Pferd, an einem Fressnapf können nicht zwei Dicke gedeihen.

Buhlalke war extrem kurzsichtig, er konnte nur bis zum Tellerrand blicken, das aber reichte ihm. Wäre er etwas weitsichtiger gewesen, hätte er nicht drei Jungen in die Welt gesetzt. Buhlalke hatte sich quasi seine eigenen Nahrungskonkurrenten herangezogen.

Anfangs, wie mir Buhlalke unter Tränen gestand, war es noch zum Aushalten. Seine Portionen wurden stetig kleiner, zum Sattwerden reichte es aber noch. Doch seine Jungen wuchsen heran. Wahre Verteilungskämpfe wurden an Buhlalkes Esstisch ausgetragen. Noch siegte er, noch siegte das Recht des Stärkeren. Aber seine Tage waren gezählt.

Buhlalke war in seiner Jugend ein träger und unsportlicher Bewegungsmuffel und setzte sich lieber den ganzen Tag in einen Sessel und Speck an. Seine Söhne schienen aus anderem Fett gegossen. Jede freie Minute quälten sie sich in einer nach Pferdeschweiß stinkenden Muckibude, stemmten tonnenweise Hanteln und stählten ihre Muskeln an Kraftmaschinen.

Es lag also auf der Hand, dass Buhlalke nicht auf Dauer seine Nahrungsfeinde auf Distanz halten konnte. Seine Söhne wurden erstklassige Sumoringer, und seine Portionen nahmen zunehmend ab, und er übrigens auch. Ich bemerkte im Anfangsstadium gar nicht seinen Gewichtsverlust.

Buhlalke trauerte jedem Gramm nach. Er versuchte, diese Fluktuation aufzuhalten, indem er sich heimlich Döner Kebab, Asiapfanne oder Pizza besorgte und sie genüsslich vor der Wohnungstür verspeiste. Doch seine pfiffigen Bengels hatten eine gute Nase und kamen ihrem Vater bald auf die Schliche, und ehe sich Buhlalke versah, rissen sie ihm auch noch diese karge Mahlzeit aus der Hand.

Als ich nach einem vierwöchigen Urlaub zurückkam, fiel mir sofort diese ausgemergelte Gestalt auf. Ich vermutete eine Neueinstellung und erkundigte mich bei einem Kollegen. Kopfschüttelnd flüsterte mir dieser ins Ohr, das wäre der jämmerliche Rest von Buhlalke.

Er glich dem ausgemergelten Heimkehrer aus einem sibirischen Gefangenenlager. Seine Wangen waren eingefallen, das Doppelkinn hatte sich verflüchtigt, und wo einst ein stolzer Bauch prunkte, war eine kümmerliche Delle zurückgeblieben. Buhlalke hätte glatt als der jüngere Bruder unseres ehemaligen Außenministers Joschka Fischer nach einem Marathon durchgehen können.

Als Buhlalke einmal besonders miese Laune hatte, und die hatte er eigentlich immer, sagte er, er würde unheimlich froh sein, wenn er der jüngere Bruder von Joschka Fischer wäre. Verdutzt fragten wir ihn: Wieso? Na, ist doch logisch, antwortete er und heulte wie ein Wolf, am Fressnapf eines so abgemagerten Politikers könnte mit Leichtigkeit noch ein Dicker gedeihen.

„Der Mensch lebt nicht vom Brot allein – nein,
manchmal muss auch Wasser sein."

Lieber hungern als gar nichts essen

Von Geburt an bin ich Allesfresser, obwohl ich nicht alles esse. Ich bin nämlich Feinschmecker, verzehre nur, was fein schmeckt. Nahrungsmittel, die negative Assoziationen in mir wecken, wie Blutwurst, Sülze oder Flecke lasse ich links liegen. Auch durchaus Essbares, was aber mit Ungenießbarem in Verbindung gebracht wird, wie Rosenkohl, Blumenkohl oder Meerrettich, rühre ich ebenfalls nicht an.

Meine Speisekarte, wie es in Tierfilmen immer so liebevoll heißt, ist also ziemlich schmal. Zudem erfuhr sie einige schmerzliche Streichungen, als bekannt wurde, dass Rindfleisch mit Antibiotika belastet ist. Nach der verheerenden Schweinepest verweigerte meine verwöhnte Zunge wohlschmeckende Lenden, auf Buchenholz geräucherte Schinken oder triefende Grillhaxen.

Nach dem geglückten Klonversuch von Schaf Dolly durch die skrupellose Genmafia nehme ich auch hiervon meine gierigen Finger. Mit Hormonen verseuchtes Fleisch gestresster Puten aus übervölkerten Mastanlagen oder gestopfte Gänseleber esse ich schon lange nicht mehr.

Ich sah mich gezwungen, etwas Fleisch braucht der Mensch, meine Essgewohnheiten in Richtung Fisch zu lenken. Doch Greenpeace, die Nadelspitze des menschlichen Gewissens, machte mir auch hier einen fetten Strich durch meine verschlankte Speisekarte. Sie fanden in leckeren Speisefischen krebserregende Substanzen, teilweise hochkonzentriert. Schuld daran sind durch salziges Meerwasser aufgelöste Umweltgifte, die von den Schutzanstrichen der Schiffe stammen.

Seit geraumer Zeit bin ich Vegetarier und trotzdem nicht glücklich. Die auf Gewinnmaximierung getrimmten Nahrungsmittelbosse ziehen auch auf diesem Felde rücksichtslos zu Felde. Das erschütternde Ergebnis: Genverändertes

Gemüse und Getreide. Pestizidverseuchtes Obst, in dem selbst eine Made nicht mehr wie eine Made leben kann.

Was soll man als wehrloser Verbraucher tun, der sich mit kontaminierten Lebensmitteln nicht selbst verbrauchen will? Ich war bis in die kleinste Zelle verunsichert, hatte jeglichen Appetit verloren und gab schweren Herzens meine liebgewonnenen Essgewohnheiten auf. In modernen Industriestaaten ist Hungern inzwischen die gesündeste Ernährung. Das allerdings nur für kurze Zeit.

„Kinder machen die gleichen Fehler wie Erwachsene,
nur etwas kleiner."

Hase in pikanter Soße

Der Hasenbraten war ausgezeichnet, das Fleisch so zart, dass man es auf den blanken Kieferfelgen hätte kauen können. Gesättigt und mit einem zünftigen Bäuerchen auf der Zungenspitze trat ich meinen Mittagsschlaf an.

Gegen drei Uhr rüttelte mich meine ungeduldige Tochter wach. „Papi, aufstehen! Ich will zu Omi und Opi – im Garten Ostereier suchen!"

Seit Jahren schon trifft sich die ganze Familie Ostersonntag bei meinen Eltern im Garten. Es ist ja auch ein gewaltiger Unterschied, ob das Osternest mit all den leckeren Süßigkeiten zwischen den Stauden des Blaustrahlhafers versteckt wird oder in der staubigen Ecke zwischen Sofa und Wohnwand.

Die Schar Enkelkinder kann die Sucherei kaum erwarten und gibt erst Ruhe, wenn der halbe Garten umgepflügt ist. Die Suche wird erst eingestellt, wenn Oma und Opa hoch und heilig versichern, dass dies alles wäre, was der Osterhase versteckt hätte.

Anschließend lassen wir uns gemütlich an der Kaffeetafel nieder. Die Enkel bevorzugen die eben gefundenen Hohlkörper im Osterhasendesign. Die strengen Blicke der Erziehungsberechtigten bleiben wirkungslos, zumal sie keinerlei Rückhalt in der reiferen Generation finden. „Ach Gott, nein!", jauchzt Oma stets vergnügt. „Wie niedlich doch die Kleinen sind."

Entsetzt beobachten wir die kleinen Fingerchen, die sich ungeduldig am Stanniolpapier quälen. Wie Eis in der Sonne schmelzen die Schokoladenosterhasen in den Kinderhänden und färben Münder und Pfötchen braun.

In diesem Jahr waren wir vor meiner Schwester an der Gartenpforte. Komischerweise lag der Garten verlassen vor uns. Verdutzt blickte ich auf meine Frau. Vielleicht auch umgekehrt. Die Laubentür war einbruchsicher verriegelt und die Jalousien heruntergelassen. Plötzlich fiel bei mir der Groschen. Meine Eltern aalten sich nämlich zu dieser Zeit am Strand von Palma de Mallorca. Wie hatte ich das nur vergessen können?

„Warum gehen wir nicht endlich rein?", drängelte indes unsere Tochter und schob sich an uns vorbei.

„Ja, weißt du, Claudia", begann ich behutsam, stockte aber mitten im Satz, weil mir einfach keine kindgerechte Erklärung einfallen wollte.

Meine Frau sah mich sprachlos an, und das soll schon was heißen.

„Schließ endlich auf, Papi!", forderte meine Tochter mit unerbittlichem Nachdruck. „Oma und Opa kommen gleich."

Richtig! Ich hatte ja vorsorglich die Gartenschlüssel mitgenommen. Kaum hatte ich das Gartentor geöffnet, als unsere Tochter in den Garten stürmte und sofort mit der Suche begann. Sie graste unaufhaltsam durch die Blumenrabatten, an den Frühbeeten vorbei bis hin zu den Rhabarberstauden. Da die erste Suchaktion erfolglos geblieben war, glaubte sie, der Osterhase hätte sich in diesem Jahr besonders raffinierte Verstecke ausgesucht. Wir sahen hilflos ihren Mühen zu und überlegten krampfhaft, wie wir es ihr möglichst schonend beibringen sollten.

Claudia durchwühlte indes die Beete, schaute selbst unter die schwarze Abdeckfolie vom Komposthaufen. Ohne Erfolg! Irgendwann warf sie sich wütend auf die Gehwegplatten und brachte ihre Enttäuschung mit den Worten zum Ausdruck: „Doofer Osterhase!"

Wir litten mit ihr. Zumal uns gewaltige Schuldgefühle plagten. Zwei dicke Tränen kullerten über ihre blassen Wangen. „Alles eure Schuld!", schluchzte das arme Kind und würdigte uns keines Blickes.

„Aber Kind, …", stammelte meine Frau und kauerte sich tröstend neben unsere Tochter.

„Ich kann ja auch nichts finden", heulte sie tief enttäuscht. „Wir haben ja heute Mittag den Osterhasen aufgegessen!"

Sich regen bringt Kindersegen

Seit Jahren treffen sich Horst und Fred freitags in ihrer Stammkneipe SCHLUCHZERECK und ertränken die letzte Arbeitswoche, obwohl sie schon seit einer Ewigkeit als Humankapital steuerlich abgeschrieben sind. Da sie bis zur Totalsanierung, also dem Betriebsabriss, beide in der Gesenkschmiede gearbeitet hatten, teilen sie sich auch ein und dieselbe Arbeitsvermittlerin. Doch das einzige, was sie Horst und Fred stets vermittelt, ist die trübe Aussicht, vermutlich nie wieder einen Job zu bekommen.

Die beiden reden viel über das, was sie am wenigsten haben. Gern schwelgen sie in den guten alten Zeiten, als sie genug Geld hatten, um einigermaßen über die Runden zu kommen. Auf den Euro schimpfen sie wie alle, denen der Verlust der Deutschen Mark durch Mark und Bein gegangen ist. Der Euro hat ihre Stütze halbiert. Wenigstens der Bierpreis ist unverändert geblieben.

Nach dem achten Bier, jedes mit einem Korn nachgespült, sagt Horst mit wässrigem Glanz in den Augen: „Ach Fred, wenn ich mal im Lotto gewinne, dir gebe ich die Hälfte ab."

„Aber Horst", erwidert sein Kumpan, „du spielst doch überhaupt nicht!"

„Wie denn auch? Kann ich mir doch gar nicht leisten."

„Dann mache keine leeren Versprechungen!", murrt Fred ärgerlich.

„Trotzdem", erwidert Horst, „ich stelle mir immer wieder vor, wie schön es sein würde, ein reicher Mann zu sein."

„Horst, du arme Sau", gluckst Fred, „du bist mein Freund. Dir kann ich's ja verraten."

„Was? Was kannst du mir verraten?"

„Sieh mich an!"

„Ja, und?"

„Vor dir steht ein reicher Mann."

„Wie meinst'n das?"

„Na, ich bin reich."

„Du bist reich?", fragt Horst fassungslos.

„Sehr reich."

„Hast du im Lotto gewonnen?"

„So ähnlich, in der Fruchtbarkeitslotterie. Ich bin nämlich kinderreich."

„Ach, du mit deinen vielen Gören", winkt Horst ab.

„Und ich werde bald wieder Vater", sagt Fred stolz.

„Bist du denn noch zu retten?", fährt Horst auf. „Du hast doch schon zwölf Kinder."

„Na und, was hat das denn damit zu tun?", entgegnet Fred.

„Und deine arme Frau?"

„Die weiß es doch gar nicht."

Der ungesunde Mensch quält seinen Körper so lange,
bis dieser ihn quält."

Magendrücken in der Herzgegend

Immer wenn ich meinen Neffen Alexander treffe, begrüße
ich ihn wie einen Sportsmann, indem ich einen gezielten
Schlag in seine Nabelgegend antäusche, ihm dann aber, wenn
er reflexartig die Hände schützend vor den Bauch reißt,
einen Klaps auf den Hinterkopf versetze. Alexander hat mit
Sport ungefähr so viel zu tun wie eine Nonne mit Verhü-
tungsmitteln. Ansonsten ist er ein ruhiger, verschüchterter
Knabe, den die Evolution vergessen zu haben scheint.

In letzter Zeit bereitet er mir zunehmend Magendrü-
cken, besonders in der Herzgegend. Nur drei Dinge erfüllen
sein junges Leben: Computer, Play Station und Video. Jede
freie Minute, und die hat ja die Jugend in der Überflussgesell-
schaft im Überfluss, hockt er in seinem abgedunkelten Zimmer. Und nur im äußersten Notfall verlässt er es, also wenn
er zur Schule muss oder seine Mutter zum Essen ruft.

Auch in den Sommermonaten dringt kaum ein Sonnen-
strahl auf seine blasse Haut. Ein Grottenolm wirkt neben
ihm wie ein Afrikaner auf einem weißen Laken. Obwohl er
mittlerweile in die zehnte Klasse geht, erinnert er mich
noch immer an die kümmerliche Gestalt vom Einschulungs-
foto. In der Schule kann er ausfressen, was er will, kaum eine
Strafe zeigt bei ihm Wirkung. Schlechte Noten und vernich-
tende Beurteilungen kümmern ihn nicht. Stubenarrest ringt
ihm ein müdes Lächeln ab. Nur Taschengeldkürzungen können ihn empfindlich treffen, obwohl er es immer versteht,
die Verluste bei seinen Großeltern gegenzurechnen.

Zwei Stunden Bewegung an der frischen Luft wären eine
wirksame Strafe. Fünf Kilometer Spaziergang durch einen
Wald würden den Fußkranken qualvoll umbringen. Aber auf
eine derart sinnvolle Bestrafung sind seine Erziehungsberechtigten noch nicht gekommen. Und was mich angeht, ich

halte es wie die Hutmacher: Einen Rat zu geben, werde ich mich hüten.

Zwei Jahre sind seitdem vergangen, in denen ich Alexander nicht einmal zu Gesicht bekam. Bei Besuchen meiner Schwester kam er nicht mit; wenn wir bei ihnen waren, hockte Alexander in seiner Technologiehöhle im Würgegriff seines strahlungsarmen Monitors.

Vor einer Woche erhielten wir eine Einladung zu Alexanders Abiturfeier.

Ein breitschultriger Hüne mit zerfranstem Kinnbart öffnete uns die Tür. Im ersten Moment hielt ich diesen jungen Mann für seinen eigenen Bruder, bis ich begriff, dass er gar keinen hat.

Wie wir später erstaunt erfuhren, nutzte mein Neffe seinen PC schon seit geraumer Zeit ausschließlich für Lernzwecke, ging regelmäßig ins Fitnessstudio, machte eifrig Kraft- und Schwimmübungen und hatte sich in einem halben Dutzend Sportvereinen angemeldet. Auch sein Fahrrad hatte er sich nicht wieder klauen lassen.

Freudig drückte er seine Tante, also meine Frau, so fest an sich, dass sie über seiner Schulter nach Luft japste. Mir versetzte er einen sportlich-fairen Fausthieb in die Nabelgegend. Die Wiederbelebungsversuche sollen nur wenige Minuten gedauert haben.

„Lieber einen Lernprozess gewinnen,
als einen Strafprozess verlieren."

Wo eigentlich liegt Pisa?

Die Pisa-Studie hat mich regelrecht umgehauen. Mit Schaum auf den Lippen, also mit Bierschaum, stürmte ich ins Kinderzimmer, wo die vernichtenden Untersuchungsergebnisse ihren potenziellen Nährboden zu haben scheinen. Ohne lange zu fackeln, schlug ich den niederschmetternden Bildungsbericht samt allen Politik-, Wirtschafts-, Lokal-, Sport- und Wochenend-Beilagen meiner Tochter um die Ohren, dass ihr Hören und Sehen verging.

„Das also nennst du Lernen!", fuhr ich sie an.

Heulend warf sie sich aufs Bett. „Du bist gemein", entgegnete das dumme Pisakind.

„Nur weil ich mir ernsthafte Sorgen um deinen Bildungsnotstand mache?"

„Hast du einmal in den letzten Jahren", erwiderte meine aufmüpfige Tochter in der heimtückischen Manier ihrer Mutter, „ein einziges Mal nach meinen Noten gefragt?"

Bitte, das hat man nun von seiner liberalen und freien Erziehung. Vorwürfe! Nichts als Vorwürfe! Zehn Jahre hat man sich selbst durch die Realschule gequält, hat lustlos einen langweiligen Beruf erlernt, verdingt sich ein Drittel des Tages als Billiglohnsklave, und das eigene Fleisch und Blut widerspricht einem bereits in der elften Klasse.

„Einverstanden", lenkte ich ein, „dann machen wir die Probe aufs Exempel. Was hattest du in der letzten Chemieklausur?"

„Eine Eins."

„Reiner Zufall", winkte ich ab. „Und in Bio?"

„Auch eine Eins."

„Das besagt noch gar nichts. Wie sieht es denn mit Physik aus?", frohlockte ich.

„Eins."

„Aber nicht in Musik!"

„Doch auch."

„Und in Deutsch?

„Ebenfalls."

„Aber nicht in Englisch!"

„Doch, leider."

„Verdammt", fluchte ich enttäuscht und zog meine letzte Trumpfkarte. „Wie sieht es denn mit Mathe aus?"

Meine Tochter senkte beschämt den Kopf. Bingo! Ich hatte sie erwischt, endlich hatte ich sie erwischt.

„Na, na – komm!", forderte ich unnachgiebig.

„Die letzte Matheklausur fiel allgemein schlecht aus", startete sie einen kläglichen Erklärungsversuch. „Ich hatte leider nur eine Zwei."

„Und woran hat's gehapert?", fragte ich, meine Fäuste autoritär in die Hüften gestemmt.

„Diese blöde Integralrechnung", fluchte das mürrische Kind. „Kennst du dich damit aus?"

„Nö, ich kenne nur Integralhelme."

Meine Tochter sah mich provokativ an und holte zum Gegenschlag aus, indem sie mich fragte: „Was weißt du über die Zellteilung?"

„Frag den Krüger von nebenan, der hat schon zwei Mal im Knast gesessen!"

„Typisch Oldie!", seufzte der undankbare Ableger. „Vor mir den Oberpauker spielen, selber aber null Ahnung."

„Kannst du so nicht sagen!", wehrte ich mich.

„Weißt du wenigstens, wo Pisa liegt?"

„Nee, leider", musste ich passen, „war nicht gerade meine Stärke, Geometrie."

Stöhnend ließ sie sich wieder aufs Bett fallen.

„Aber", strich ich ihr liebevoll übers strähnige Haar, „lerne fein weiter! Und wenn du Fragen hast, dann frag ruhig!"

Eine vernünftige Investition

Ein Handy gehört heute so selbstverständlich in den Schulranzen wie ein Taschenrechner. Nur können die meisten Kinder mit einem Handy besser umgehen als mit ihrem grafischen Multifunktions-Taschenrechner.

Eine große Ausnahme bildet meine Tochter. Sie beherrscht ihren Rechner wie eine Pianistin ihren Flügel, ohne gleich abzuheben. Allerdings fehlt ihr die Fähigkeit des logischen Denkens wie einem Großteil unserer weiblichen Mitmenschen. Frauen sind eben Gefühlsmenschen, denken aus dem Bauch heraus. Bloß – wenden Sie mal den Binomischen Lehrsatz oder den Satz des Pythagoras nur dem Gefühl nach an! Auch am Strahlensatz ist sie jämmerlich gescheitert. Ein Mann kriegt selbst mit 3,5 Promille noch einen schönen Strahlensatz hin.

Literarisch hochwertige Sätze zu bilden, liegt ihr dagegen ausgezeichnet. In Deutsch schreibt sie nobelpreisverdächtige Aufsätze. In Physik ist sie eher durchschnittlich. Reine Lernfächer wie Biologie oder Geschichte bewältigt sie mit links. Auch für Fremdsprachen hat sie eine ausgesprochene Begabung.

In Zeiten voranschreitender Spezialisierung wird es immer schwieriger, ja nahezu unmöglich, auf allen Fachgebieten Spitzenleistungen zu erreichen. Ein vorweisbares Abiturzeugnis ohne Ausnützen der Ergebnisse der technischen Revolution ist inzwischen so unerreichbar geworden wie eine ferne Galaxie.

Deshalb war ich sofort bereit, meiner Tochter einen Handyvertrag zuzubilligen. Immerhin kostengünstiger als Nachhilfestunden. Es soll ja Schüler geben, die sitzen länger bei der Nachhilfe als sie die Schulbank drücken.

Ein Handy ist also die vernünftigste Investition, die Eltern ihren lerngeplagten Sprösslingen zukommen lassen können. Mittels dieser modernen Kommunikationsform werden selbst schwierigste Klausuren zum Kinderspiel. Wissensaustausch per SMS – die im jeweiligen Fach stärksten Schüler übermitteln den schwächeren die richtigen Ergebnisse.

Seitdem alle Mitschüler Handys besitzen, ist der Klassendurchschnitt sprunghaft angestiegen, zur Freude aller Eltern, Lehrer und des Kultusministers. Schüler mit zwei minus werden bereits argwöhnisch belächelt.

Als Eltern sind wir natürlich mächtig stolz auf unsere goldige Tochter, die Einsen in konstanter Serie abliefert. Ihre gern zur Belohnung tendierenden Großeltern müssen seit kurzem tiefer in die Taschen greifen, wobei sich bereits auf diese Art und Weise das Handy mehr als nur amortisiert hat, und dabei sind wir nur mit zwanzig Prozent an den Einnahmen beteiligt.

Gestern Abend dann der Schock! Unsere Tochter zeigte ihre letzte Matheklausur. Wir trauten unseren Augen kaum – eine Fünf minus. Eine Welt brach für uns zusammen.

„Hast du denn nicht gelernt?", vergriff ich mich ungehalten im Ton

„Doch", schluchzte sie, „aber die blöden Akkus waren leer!"

> „Wenn einem das Fell über die Ohren gezogen wird,
> braucht man wenigstens keine Angst mehr davor zu haben,
> dass es einem davonschwimmt."

Kinder haben recht

Obwohl die Kommunikationstechnologie immer rasanter voranschreitet, verringert sich zunehmend der konversative Wert einer Mitteilung. In Zeiten, als nur wenige Privilegierte über einen analogen Telefonanschluss verfügten und Internet so unbekannt war wie das Ozonloch, gab es im deutschen Sprachgebrauch noch die inzwischen ausgestorbenen Wörter „bitte" und „danke".

Wenn wir als Kinder etwas von unseren Eltern brauchten, bedienten wir uns dieser zauberhaften Präpositionen, die zwar keine Berge aber immerhin ein paar Pfennigbeträge versetzen konnten. Ich erinnere mich noch ganz genau, wie ich meine Eltern förmlich um jeden Schulhefter oder ein paar lumpige Tintenpatronen, ja selbst um das Essengeld für die miserable Schulspeisung anflehen musste. Jede Forderung natürlich immer fein mit „bitte" und „danke" garniert.

Wenn die Kinder von heute etwas brauchen, klingen ihre Wünsche, falls sie überhaupt noch fragen, stets nach einer Drohung. „He Daddy, lass mal 'nen Zwanni rüberwachsen!"

Ihre hohen Ansprüche abzuschmettern, ist für Eltern – juristisch betrachtet – unmöglich. Taschengeld ist einklagbar. Und wer lässt sich schon gern vom Rechtsanwalt seines Kindes vor den Kadi zerren. Das Recht der Kinder ist das Unrecht der Eltern. Im Leben gleicht sich eben alles wieder aus. Aber Unrecht braucht man wenigstens nicht einzuklagen, das ist ein Ausgangsprodukt.

Eltern von Kindern, die ihre Rechte kennen, haben in unserem Land nicht viel zu lachen. Selbst ein ungeborenes Kind verfügt bereits über größere Rechte als seine Mutter. Wen wundert's also, dass die Geburtenrate immer weiter sinkt. Selbst glatzköpfigen Demographen stehen die Haare zu Berge.

Erwachsene Kinder, die stets einen gut gedeckten Tisch gewöhnt waren, sind nur unter massivster Gewaltandrohung bereit, für ihren Lebensunterhalt den eigenen Rücken krumm zu machen. Bis zu deren 27. Lebensjahr sind Eltern vom Gesetzgeber verpflichtet, ihre gefräßigen Parasiten durchzufüttern, mit allem, was dazu gehört: Kleidung, Taschengeld, Luxuskarossen, Fernreisen und extreme Hobbys.

Meiner Rente sehe ich mit Bangen entgegen. Glaubt man Umfragen unter Jugendlichen, ist nur jeder fünfte von zehn, die überhaupt bereit sind zu arbeiten, einsichtig genug, in die Rentenkasse einzuzahlen. Wir steuern unausweichlich auf einen gesellschaftlichen Supergau zu.

Unsere Kinder selbst werden in eine dramatische Zwickmühle geraten. Das eine haben, ohne das andere zu wollen. Wer will schon den Ärger haben, den er selbst jahrelang anderen zugefügt hat? Kinder – nein, danke, denken unsere Kinder. Man sieht ja, wohin das führt.

Mach mal einen Punkt!

Viele Leser mögen die amüsanten Satiren aus den Beilagen ihrer Zeitungen, aber keiner ahnt, wie viel Kraft, Schweiß und Nerven sie ihren geistigen Vater gekostet haben. Unzählige Stunden, in qualvoller Einsamkeit an seinen Schreibtisch geknechtet, verbringt der Wortakrobat, immer den Abgabetermin und den Redakteur im Nacken.

Schreiben Sie mal was Lustiges, wenn Sie selbst nichts zu lachen haben! Das Einzige, was auf die gähnend leeren Seiten gelangt, ist der abtropfende Angstschweiß, dass einem nichts einfällt – vor allem rechtzeitig.

Auch mir will partout keine zündende Idee kommen, nicht einmal ein bescheidener Ansatz. Hypernervös trommle ich mit dem frisch angespitzten Bleistift auf den gähnend weißen Papierbogen. Der Anblick der sich rasant vermehrenden Punkte, die Sommersprossen gleichen, nimmt mich gefangen.

„Und Ihren Text bitte pünktlich!", hallen noch immer die mahnenden Worte der Redakteurin in meinen Ohren. Pünktlich – kommt von Punkt, sinniere ich. Da müsste sich doch was machen lassen?

Erst in diesem Moment begreife ich, wie wichtig diese unscheinbaren Winzlinge sind. Mein abstiegsbedrohter Fußballverein gewann sein letztes Heimspiel und damit drei lebenswichtige Punkte. Ich, der auf sein Auto angewiesen ist, bekam letztens auch drei Punkte – aufs Flensburger Konto.

Vorgestern baute sich meine Tochter provokativ vor mir auf und stöhnte: „Nun mach mal einen Punkt! Ich bin alt genug."

Auch meine Frau brachte letztens ihren Unwillen gegen mich zur Sprache: „Du musst immer gleich alles auf den Punkt bringen!" Und dann musste ich sie bremsen, denn sie redet gern und viel – und das ohne Punkt und Komma.

Gestern schleppte mich meine frühpubertierende Tochter in einen T-Punkt. Ohne Handy würde sie sozial ausgegrenzt werden und könne sich nicht länger bei ihrer Clique sehen lassen. „Wo soll ich unterschreiben?", fragte ich den versnobten Handyman. „Hier, auf der gepunkteten Linie", antwortete er und zeigte auf die entsprechende Stelle.

„Und die monatliche Abrechnung?"

„Wird Ihnen zugestellt – pünktlich."

Ein Blick zur Uhr verrät mir: Punkt zehn Uhr! Höchste Zeit zur Abgabe meines neuesten Meisterwerkes. Ich zähle die Anschläge und bin erleichtert, denn endlich ist der Punkt erreicht, an dem ich mit dem Sätzespinnen aufhören kann. Zufrieden mache ich einen dicken Punkt, ach was – am besten gleich einen Doppelpunkt!

„Sieger nach Punkten ...!"

„Es gibt zwei Arten von Leuten, die sich mit Kunst beschäftigen.
Die Begabten werden Künstler und die Unbegabten Kritiker."

Mein Freund, der Maler

Keinen blassen Schimmer von Kunst hast du, schrie mir Richard Querstrich verächtlich ins Gesicht. Das kannst du so nicht sagen, verteidigte ich mich zaghaft, dabei mit einem Auge auf sein letztes Werk blickend. Das war nun wirklich das Allerletzte.

Was tut man nicht alles für einen mittellosen bzw. mittelmäßigen Künstlerfreund? Ein professionelles Modell, flehte er mich an, könne er sich nicht leisten. Nur ein einziges Mal! Nein, kein Akt. Ihn interessierte mein Profil, sagte Querstrich zu meinem Gesicht, als sei es ein abgefahrener Autoreifen.

Ganze Nächte verbrachte ich in regloser Erstarrung. Jedes Wackeln, schniefte er, würde seine künstlerische Ader zum Stocken bringen. Um aber auf ewig von der seichten Hand des Meisters auf die Leinwand reproduziert zu werden, bringt man Opfer, die bei psychopathisch veranlagten Menschen Wahnvorstellungen hervorgerufen hätten.

Nach jeder Sitzung verhüllte er sein Werk, ohne dass ich eine Chance gehabt hätte, einen Blick drauf werfen zu können. Sein affektiertes Gehabe steigerte meine Neugier umso mehr, und so eilte ich jeden Abend in seine Dachkammer, um möglichst bald sein Meisterwerk in Augenschein zu nehmen.

Zwei Wochen später war der große Augenblick gekommen. Die Vorfreude war grenzenlos, die Spannung unerträglich. Sanft glitt das weiße Tuch vom Bild. Nun, wie gefällt es dir? Meine Sprachlosigkeit sprach Bände. Die Nase war viel zu lang geraten, die Stirn fliehend wie bei einem Neandertaler, die Augenhöhlen eingefallen und viel zu dunkel. So bestenfalls mochte Jack the Ripper auf der Flucht ausgesehen haben. Das sagte ich ihm natürlich auch.

Eine Flutwelle übelster Beschimpfungen prasselte auf mich nieder. Mein ständiges Zappeln hätte ihn derart gestört, dass er nicht einen zitterfreien Pinselstrich habe führen können. Dies alles ließ ich mir mit dem Gemüt eines Pferdes gefallen, aber dass er mich in die Ecke spießbürgerlicher Kunstbanausen stellte, ging entschieden zu weit.

Zufällig traf ich ihn Monate später in einem Café, und plötzlich regte sich in mir das schlechte Gewissen. Etwas mehr Verständnis hätte ich schon aufbringen können, und nichts würde unsere alte Freundschaft so wiederbeleben wie ein Auftrag, den ich dem großen Meister erteilen wollte. Er schmolz förmlich wie Wachs in meinen Händen. Das Bild wollte er mir gratis malen.

Ich wünschte mir ein Tierporträt in einer reizvollen Landschaft. Das Motiv überließ ich ganz seiner künstlerischen Eingebung. Er würde nicht länger als eine Woche benötigen, inzwischen verbat er sich jedwede Störung.

Nach Ablauf der vereinbarten Frist stieg ich die knarrenden Holzstufen zu ihm hoch. Und dieses Mal wollte ich nur lobpreisende Worte über ihn ausschütten. Kein zweites Mal sollte er durch mich enttäuscht werden.

Mit gespannter Erwartung trat ich vor sein Werk. Das Tuch glitt nach unten, und ihm folgte meine Kinnlade. Richard Querstrich war und blieb ein hoffnungsloses Talent. Das saftige Gras einer Weidelandschaft kam unter der dünnen und sparsam aufgetragenen Farbe überhaupt nicht zur Geltung. Dem Himmel hatte er erschreckend viel Blau beigemischt, es wirkte so unnatürlich wie das Azur auf Urlaubspostkarten. Dies wäre aber noch nicht das Schlimmste gewesen. Zwei bis zur Unkenntlichkeit verstümmelte Wesen sahen sich bedeppert in die Augen. Ich hielt diese Tiere der Weide wegen für grasende Kühe und pries ihre athletischen Körper.

Wutschnaubend riss er das Bild von der Staffelei, zertrümmerte es auf meinem Schädel und schrie mich an, diese beiden Geschöpfe wären Bernhardiner.

Liegt die Zukunft in der Hand?

Autoren zählen zu den abergläubischsten Zeitgenossen. Ich will Ihnen ein Beispiel geben – nämlich mich.

Vor einigen Wochen saß ich niedergeschmettert am Fenster meines Arbeitszimmers, starrte enttäuscht und völlig entmutigt auf das benachbarte Haus. Drei Ablehnungsschreiben renommierter Verlage zeigten mir an, dass man an meinem neuen Bestseller kein Interesse hatte.

Plötzlich verschwand ein Schornsteinfeger im Nachbarhaus. Erst mitten in der Nacht schreckte ich, mir der tieferen Bedeutung dieses Glücksboten bewusst werdend, aus meinem Lieblingstraum auf, in dem ich stets als Literaturnobelpreisträger bejubelt werde. Ein kleiner Regionalverlag, der sich unbedingt das vollständige Manuskript ansehen wollte, meldete sich noch am selben Vormittag. Der Vertrag steckte bereits am nächsten Freitag, einem 13., in meinem Briefkasten. Mit dem Triumphgefühl eines heiß umworbenen Schriftstellers unterschrieb ich das zwanzigseitige Vertragswerk.

Mein Bestseller wurde ein Flop.

Die Bibliothek einer freien Kreisstadt hatte sich meinen Flopseller zugelegt und war brennend an einer Lesung interessiert. „Gewöhnlich kommen über hundert Leute, auch die Presse und das Lokalfernsehen werden da sein", hatte mir die Leiterin versichert.

Mit flauem Gefühl im Magen trat ich die dreistündige Autofahrt an. In einer kleineren Ortschaft, die ich später als „Kuhkaff" beschimpfte, lief vor mir eine schwarze Katze über die Straße. Zu allem Unglück auch noch von links nach rechts.

Ganze vier Zuhörer verloren sich in den Weiten des Lesesaales, und die waren auch nur Schutz suchend in die Bibliothek gekommen, weil ein grässlicher Novemberregen durch die Straßen peitschte.

Den einzigen Lokalreporter sprach ich gleich an: „Ich möchte Sie bitten, das Interview erst nach der Lesung vorzunehmen!"

„Ich bin hier, weil die Bibliothek ein Inserat aufgeben will", antwortete der Zeitungsschmierer desinteressiert.

Vor der nächsten Lesung hatte ich eine Heidenangst. Am Abend zuvor stand ich auf meinem Balkon und starrte gedankenversunken in die wolkenlose Nacht. Eine Sternschnuppe glitt vorüber. Ich wünschte mir eine ausverkaufte Lesung.

„Hast du dir etwas gewünscht?", wollte meine neugierige Gattin wissen.

„Ja."

„Und was?"

„Darf ich nicht sagen, sonst geht es nicht in Erfüllung."

„Mir kannst du's doch ruhig verraten".

Ich Trottel verriet mein Geheimnis. Die Lesung wurde abgesagt. Man könne, erklärte mir die Leiterin, wegen einer einzigen Zuhörerin nicht so viel Geld zum Fenster rausschmeißen, zumal diese auch noch schwerhörig wäre.

In meiner grenzenlosen Verzweiflung und dem Wunsch zu wissen, wie es mit mir künstlerisch weitergehen würde, suchte ich eine bekannte Wahrsagerin auf. Sie blickte lange auf meine linke Handfläche, ehe sie sagte: „Erfolge! Ich sehe nichts als Erfolge!" Und dann hauchte sie einen Satz, der wie Musik in meinen Ohren klang: „In Kürze werden Sie ein sehr, sehr reicher Mann sein. Sie sollten Lotto spielen!" Dieser Tipp kostete mich 300 Piepen, der vorhergesagte Gewinn waren dagegen nur Peanuts.

118 Ich schrieb der Halsabschneiderin einen wütenden Drohbrief. Unnötig zu erwähnen, dass ich keine Antwort bekam. Wütend stürmte ich ihre Hexenküche. „Sie hätten mir wenigstens antworten können!", schrie ich sie an.

Völlig unbeeindruckt gab die dunkelhaarige Hellseherin zurück: „Tut mir leid, ich bin Analphabetin."

Schöne Bescherung

Das lästige Klammern an Gewohnheiten nennt man auch Tradition. Deshalb weiß Herr Pichelrieder genau, welche Frage seine Schwiegermutter dem Anschneiden der ersten Erdbeertorte folgen lässt: „Kinder, wie machen wir das dieses Jahr nur mit Weihnachten?"

„Mutti", springt dann seine Frau hilfreich zur Seite, „wir haben ja noch nicht einmal richtig Sommer."

„Wir leben in einer schnelllebigen Zeit", hält die besorgte Seniorin entgegen, „da muss man rechtzeitig planen."

Irrtum! Nicht in diesem Jahr.

Pichelrieders Schwiegermutter teilte mit flinkem Messer die Torte und ging ans Verteilen. Pichelrieder nebst Gattin schöpften schwache Hoffnung. Auch die pubertierende Tochter, die lieber mit Ohrenstöpseln musikberauscht durchs Revier streift, als bei den Großeltern unterm Christbaum zu hocken, atmete erleichtert auf.

Selbst nach der Kaffeetafel, als Oma das Geschirr in die Laube brachte und Opa ein wohltemperiertes Pilsner servierte, lenkte keiner das Gespräch auf das in knapp sieben Monaten anstehende Weihnachtsfest. Schwager Kurt tauschte mit seiner Frau Gundula fragende Blicke.

Anfangs vermutet Pichelrieder senioral bedingte Vergesslichkeit. Als aber auch nach den Herbstferien noch immer kein Wort zu den bedrohlich anrückenden Festtagen gefallen war, gab es nur noch eine logische Erklärung: Altersbedingte Demenz!

Während ihres Ostseeurlaubs, als Pichelrieders die majestätisch dahingleitenden Dampfer am Horizont gesehen hatten, fassten sie den Entschluss, sich kurzerhand dem ganzen Weihnachtstrubel zu entziehen. Gleich nach ihrer Rückkehr buchten sie eine zehntägige Mittelmeerkreuzfahrt auf der MS Arkona.

Weihnachtsfahrplanmäßig traf sich die Großfamilie am ersten Advent zum Stollenanschnitt. Der gewöhnlich im Spätfrühjahr abgesteckte Festtagsrahmen ging nun in die heiße Phase, und minutiös wurde das Fest der Liebe und Besinnungslosigkeit verplant. Wer wann zu wem kommen sollte und was jeder mitzubringen hatte und überhaupt, lächelte Oma dankbar, wie schön, dass wir wieder alle beisammen sind.

'Ja', dachte Pichelrieder innerlich grollend, 'du hast sie nicht mehr alle beisammen! Wir wollen nach einem hektischen Arbeitsjahr vielleicht mal ein paar Tage nur für uns haben.' Doch schwach lächelnd meinte er: „Mutti, das hast du aber fein gesagt."

„Kinder, Kinder", seufzte die Schwiegermutter schweren Herzens, „dieses Jahr habe ich eine gute und eine schlechte Nachricht."

„Wollen wir nicht auf Kurt und Gundula warten?", fragte Pichelrieders Frau.

„Nein, erst möchte ich eure Meinung hören, und ich beginne mit der schlechten Nachricht", sagte sie. „Wir werden Weihnachten nicht zu Hause sein. Und nun die gute Nachricht: Papi und ich …, wir haben eine zehntägige Kreuzfahrt quer durchs Mittelmeer gebucht."

Kaum hatte sie ihre Neuigkeit kundgetan und die entsetzten Blicke ihrer Kinder wohlwollend zur Kenntnis genommen, klingelten Kurt und Gundula an der Wohnungstür.

„Mutti, dieses Jahr", begann Gundula, noch bevor sie ihren Mantel abgelegt hatte, und man spürte, dass sie sich die Worte sorgfältig zurecht gelegt haben musste, „werden wir Weihnachten wegfahren. Und ihr werdet es nicht glauben, wir machen eine Kreuzfahrt auf dem Traumschiff."

„Quer durchs Mittelmeer!", stöhnte Pichelrieder.

„Woher wisst ihr das?", stutzte Gundula.

„Wir haben Kabine 523."

„Na dann", atmete die Schwiegermutter erleichtert auf, „frohes Fest!"

„Solange es Menschen gibt, schlagen sie sich
mit Problemen herum, die sie sich selbst bereiten."

Gute Vorsätze

Jeder Jahreswechsel hat etwas Dramatisches. Nach den hektischen Adventswochen und den stressigen Feiertagen kehrt
etwas Ruhe ein – bis zur ohrenbetäubenden Silvesternacht.
Es kommt die Phase der inneren Einkehr, der stillen Rückbe-
sinnung, die ohnehin nicht weiter zurückreicht als ein Jahr.

Ich erinnere mich an die vielen guten Vorsätze vom letzten Jahr und stelle zufrieden fest, dass ich sie im gesamten
Paket übernehmen kann, da sie bereits am 2. Januar in Ver-
gessenheit geraten waren. Natürlich ärgere ich mich über
die nachlassende Merkfähigkeit. Kurzerhand ergänze ich die
alten Vorsätze um einen weiteren Punkt: Ich will mich im
neuen Jahr weniger ärgern.

Aber das ist leichter gedacht als getan, zumal, wenn man
am Neujahrsmorgen gegen Mittag verkatert erwacht und an
der frischen Luft feststellen muss, dass irgend so ein rück-
sichtsloser Idiot mit einer Rakete den Lack des neuen Autos
beschädigt hat. Auch der Briefkasten hat den Einwurf hoch-
explosiver Chinaböller nicht überlebt. Vorm Haus liegen
Glasscherben und einige Tonnen Feuerwerksrestmüll.

Und weil ich einmal beim Vorsätze fassen bin, beschließe
ich, weniger mit meiner Frau zu streiten. Aber ich glaube, das
fällt auch in die Kategorie „Ärgern". Ich verpflichte mich, im
neuen Jahr viel netter und aufmerksamer zu ihr zu sein. Ich
könnte ihr auch öfters einen lieben Satz sagen, ihr schmei-
chelnde Komplimente machen, ihre Kochkünste loben und
von ihrer aufregenden Figur schwärmen. Mit Lügen aufzuhö-
ren, kann ich mir ja fürs übernächste Jahr vornehmen.

Außerdem beschließe ich, meiner Frau regelmäßig Blumen zu schenken, nicht nur den obligatorischen Strauß zum
Hochzeitstag, den ich ohnehin jedes Jahr vergesse. Im Haus-
halt will ich mehr helfen, Einkäufe erledigen, Müll runterbrin-

gen, Teppiche saugen, Fenster putzen, Wäsche aufhängen, eben die ganze Palette undankbarer Hausfrondienste, die Frauen mit einer bewundernswerten Gelassenheit und ohne zu murren erledigen.

Nach so vielen gut gefassten Vorsätzen stellt sich ein reines Gewissen ein. Mein innerer Frieden ist wieder hergestellt. Erleichtert und zufrieden lehne ich mich zurück. Sorglos kann ich das neue Jahr begrüßen.

Übermorgen ist sowieso alles vergessen!

U.S. Levin (d. i. Pseudonym)

Jahrgang 1960, schrieb seit 1991 zahlreiche satirische Texte für die *LVZ*, publiziert vorwiegend in Tageszeitungen wie der *Sächsischen Zeitung*, dem *Nordkurier*, der *Freien Presse*, der *Magdeburger Volksstimme* und dem *Neuen Deutschland*

Buchveröffentlichungen: *Sketche für jung und alt*, 1995, *Das Auto im Manne*, 1997, *Paradies für Kunstverbrecher*, 2000, *Schuld war der Computer*, 2000, *Ich bin nüchtern, aber in Behandlung*, 2003, *Bis dass der Arzt uns schneidet*, 2005, *Kein Hunger im Knast*, 2007, *Eiterherd ist Goldes wert*, 2008, *Doppelt hält schlechter*, 2010, *Nichts für starke Nerven*, 2012

Der Autor lebt in Markkleeberg.

www.uslevin.de

Peter Dunsch (PeDu)

geboren 1947 in Leuna, aufgewachsen in Zeitz, BMSR-Mechaniker, Ingenieur für Brandschutz, Diplom-Lehrer, im Landeskriminalamt Sachsen-Anhalt mit Fragen der Kinder- und Jugendkriminalität betraut, jetzt im Ruhestand

seit 1995 Schöpfer der LKA-Malheftserie „Das bärenstarke Ausmalheft" (Auflage über eine Million Exemplare);

Buchveröffentlichungen: *Trojanische Pferde. Handbuch über Aufzucht und Pflege Trojanischer Pferde in Deutschland*, 2000; Illustrator von Martin Meißner, *Was Nonnemann in der Hose hat. Satiren aus dem wilden Osten*, 2001, Beitrag in der Anthologie *Der Arm im Kühlschrank. Mehr Magdeburger Mordsgeschichten*, 2001, *Super Tipps vom Bär mit Grips. Bild(ungs)geschichten für Kinder*, 2004; Illustrator von U.S. Levin 2003, 2005, 2007, 2008 und Jörg Vogel, *Nun machen'se sich mal frei. Was Ihr Hausarzt wirklich denkt*, 2009, *Nun bleiben'se mal ganz geschneidig, Ihr Hausarzt als Beruhigungspille*, 2011 und ... *und mindestens einmal Sex pro Jahr*, 2013

Der Grafiker lebt in Magdeburg.

www.peter-dunsch.de

Inhalt

U.S. Levin – **Bis dass der Arzt uns schneidet.** Satiren aus dem Krankenbett

ISBN 978-3-938380-17-8, 9,90 Euro

»Die Entfernung der Gallenblase ist für den geübten Heimwerker keine besondere Herausforderung und mit einem halbwegs intakten Teppichmesser und Großmutters Nähbesteck durchaus selbst zu bewerkstelligen.« Levin weiß, dass uns die Gesundheitsreform in den Fängen hat, und er gibt zahlreiche Tipps, wie man sie als Herausforderung annehmen kann.

U.S. Levin – **Nichts für starke Nerven**

Satiren zur homöopathischen Anwendung

ISBN 978-3-86289-027-9, 9,99 Euro

Wenn Ärzte über Friedhöfe schleichen, ist Vorsicht geboten. Die Mediziner machen nämlich Hausbesuche bei Patienten, die hier nicht liegen würden, wenn sie sie nicht behandelt hätten … Unser Gesundheitswesen ist inzwischen so krank, dass es selbst Entwicklungsländern als Abschreckung dient. Früher war alles besser! Das sagen nicht nur die, die früher alles besser fanden. Hatte der erste Leistungskatalog noch das Gewicht einer Altarbibel, passen die heutigen kassenärztlichen Leistungen bequem auf einen Bierdeckel, neben die Steuererklärung.

U.S. Levin – **Eiterherd ist Goldes wert**

Satiren aus dem Wartezimmer

ISBN 978-3-938380-63-5, 9,90 Euro

»Unser Gesundheitswesen ist inzwischen so krank, dass es selbst Entwicklungsländern als Abschreckung dient. Früher war alles besser! Das sagen nicht nur die, die früher alles besser fanden. Hatte der erste Leistungskatalog noch das Gewicht einer Altarbibel, passen die heutigen kassenärzt lichen Leistungen bequem auf einen Bierdeckel, neben die Steuererklärung.«

U.S. Levin – **Doppel hält schlechter**

Satirische Betrachtungen zu wirklichen Ereignissen

ISBN 978-3-932090-51-6, 14,90 Euro

Es sind im wahrsten Sinne Geschichten, die das Leben schrieb: Zeitungsmeldungen über Ereignisse weltweit, die das Interesse U.S. Levins erregten und ihn zu satirischen Betrachtungen bewegten, wie nur er sie anstellen kann: Ein Mann, dem Bier das Leben rettete, unfähige Einbrecher, Betrüger und Polizisten, die Bankenkrise, Wahrsagerinnen, die keinen Blick für ihr eigenes Schicksal haben, ein Prozess um ein ersteigertes Bein, ein Hund als Millionenerbe und …

U.S. Levin – **Kein Hunger im Knast**

ISBN 978-3-938380-59-8, 9,90 Euro

U.S. Levin gehört zweifellos zu den begabtesten Alltags-satirikern mit einem »präzisen Blick für komische und aberwitzige Situationen« *Freie Presse Chemnitz*. Hier zeigt er das auch in der kleinen Form: Satirische Gedichte, Aphorismen, Limericks …

Jörg Vogel – **Nun machen's'e sich mal frei!**

Was Ihr Hausarzt wirklich denkt
mit Zeichnungen von Peter Dunsch
ISBN 978-3-938380-99-4, 9,90 Euro

NUN MACHEN'S'E SICH MAL FREI! … dies ist ein gefürchteter Satz bei vielen Menschen, die, aus welchen Gründen auch immer, einen Arzt aufsuchen müssen. Einerseits und vor allem beim weiblichen Geschlecht, denn welche Frau zeigt einem wildfremden Mann schon gern und sofort ihren befreiten Oberkörper. Mag er einen weißen Kittel anhaben oder nicht. Es könnte ja auch ein Maler sein, der da sitzt, und dessen eigentliche Aufgabe es ist, die Praxis zu renovieren.

Jörg Vogel – **Nun bleiben's'e mal ganz geschmeidig!**

Ihr Hausarzt als Beruhigungspille
mit Zeichnungen von Peter Dunsch
ISBN 978-3-86289-015-6, 9,90 Euro

Warum gehen die Deutschen pro Jahr nur achtzehn Mal zum Arzt? / Gibt es bald ein „Volkskrankheiten-Stadl"? / Was sind die geheimen Nebenwirkungen von Pferdesalbe? Wieder beantwortet Dr. Vogel brennende medizinische Fragen. Tagtäglich berichten die Medien, was alles die Gesundheit schädigt. Das macht die Leute unruhig, führt zu „Rücken", Sodbrennen und Zähneknirschen. Bei manchen sogar zu Lottofieber.

Jörg Vogel – **… und mindestens einmal Sex pro Jahr**

Die geheimen Tricks Ihres Hausarztes, um noch älter zu werden; mit Zeichnungen von Peter Dunsch
ISBN 978-3-86289-070-5, 9,99 Euro

Die Deutschen werden immer älter. Und sie wollen auch nicht, dass das aufhört. Deswegen gehen sie lieber öfter zum Arzt. Eigentlich sehr oft. Denn der kennt all die Tricks, um noch älter zu werden. Trotzdem bleiben viele Fragen: Soll man wirklich auf sein täglich Bier verzichten? Reichen all die Pillen nicht aus für's Gesundbleiben? Und muss es wirklich einmal Sex pro Jahr sein? Und wenn ja, mit wem?

Bibliografische Information der Deutschen Nationalbibliothek:
Die Deutsche Nationalbibliothek verzeichnet diese
Publikation in der Deutschen Nationalbibliografie;
detaillierte bibliografische Daten sind im Internet über
http://dnb.d-nb.de abrufbar.

39387 Oschersleben, Friedrichstraße 15a
fon (03949) 4396, fax (03949) 500 100
e-Mail info@dr-ziethen-verlag.de
www.dr-ziethen-verlag.de
2015

128 | Satz & Layout: dr. ziethen verlag
Umschlaggestaltung: Peter Dunsch
Alle Zeichnungen wurden auf einem WACOM-Tablett gefertigt.
Druck: Halberstädter Druckhaus GmbH
ISBN 978-3-86289-093-4
Gedruckt auf umweltfreundlich chlorfrei gebleichten Papier